LES NOTABILITÉS D'AIX-LES-BAINS

DEPUIS LES TEMPS ANCIENS JUSQU'A NOS JOURS

PAR

LE COMTE J. DE MOUXY DE LOCHE

Membre effectif de l'Académie de Savoie
de la Société Savoisienne d'Histoire et d'Archéologie
et Chevalier de l'Ordre royal de la Couronne d'Italie.

AIX-LES-BAINS

DES PRESSES DE P.-A. GÉRENTE, IMPRIMEUR-ÉDITEUR

1901

NOTABILITÉS

D'AIX-LES-BAINS

LES NOTABILITÉS D'AIX-LES-BAINS

depuis les temps anciens jusqu'à nos jours

PAR

LE COMTE J. DE MOUXY DE LOCHE

Membre effectif de l'Académie de Savoie
de la Société Savoisienne d'Histoire et d'Archéologie
et Chevalier de l'Ordre royal de la Couronne d'Italie.

AIX-LES-BAINS
DES PRESSES DE P.-A. GÉRENTE, IMPRIMEUR-ÉDITEUR

1901

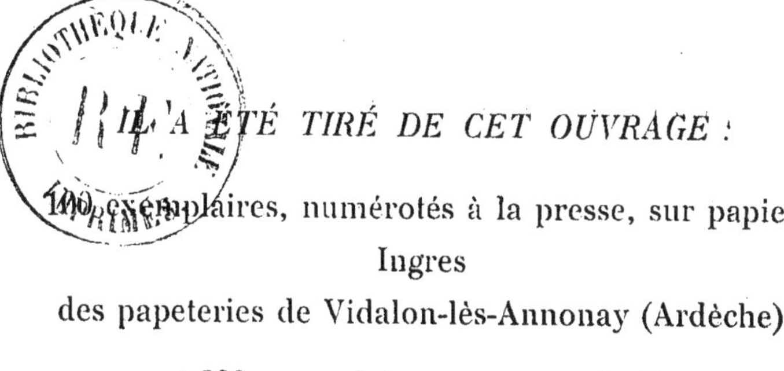

IL A ÉTÉ TIRÉ DE CET OUVRAGE :

100 exemplaires, numérotés à la presse, sur papier Ingres
des papeteries de Vidalon-lès-Annonay (Ardèche)

et 200 exemplaires, non numérotés sur papier couché.

AVANT-PROPOS

L'ouvrage que nous offrons aujourd'hui aux amateurs de livres anciens, complète, en quelque sorte, l'*Histoire d'Aix-les-Bains*, que nous avons récemment publiée.

En fouillant, pour écrire cette histoire, les dépôts publics et les archives particulières, il nous est tombé sous la main beaucoup de renseignements, beaucoup de notes, concernant les familles notables d'Aix, les médecins, les chanoines de la Collégiale, les ecclésiastiques, militaires, notaires et autres hommes de diverses professions qui y ont vécu. Ces renseignements ne pouvaient rester dans l'oubli, exposés à périr un jour ou l'autre : nous avons donc cru devoir les réunir et les classer pour les offrir au Public Aixois, sous le titre de *Notabilités d'Aix-les-Bains*, titre qui nous offrait plus d'élasticité pour y faire figurer toutes les personnes dont le souvenir doit être gardé.

Ce travail n'est certainement pas complet, mais nous laissons à d'autres le soin de le compléter.

Nous désirons seulement qu'on lui accorde le mérite d'avoir sauvé de l'oubli beaucoup d'hommes autrefois considérés dans notre chère cité d'Aix-les-Bains.

NOTABILITÉS

D'AIX-LES-BAINS

GAR, directeur de l'Établissement thermal d'Aix, du 25 avril 1878 à janvier 1880. Il avait d'abord exploité une modeste brasserie à Cahors, sa patrie. Après avoir vendu son fonds, il vint à Paris solliciter son compatriote et ami d'enfance, Léon Gambetta, qui le plaça dans le service des égouts. Mais l'amitié d'un grand homme est un bienfait des dieux et l'austérité républicaine un vain mot. Peu de temps après, on nomma M. Agar, à Aix, et l'on augmenta pour lui le traitement du directeur de l'Établissement thermal de trois mille francs.

AILLOUD (Laurent), naquit à Aix en 1817, le 3 octobre. Après avoir achevé ses études, il entra dans la Compagnie de Jésus, le 21 septembre 1835, et fut envoyé dans divers collèges, tant en France qu'en Italie, où il remplit avec succès les emplois qui lui furent confiés (1).

Cependant son zèle, pour le service de Dieu, lui faisait depuis quelque temps, solliciter d'être envoyé dans les Missions étrangères. Ses supérieurs, voyant la sincérité de sa vocation, se rendirent à ses désirs. Il fut d'abord à l'île de la Réunion, en 1852, puis à l'île Maurice, où il se fit remarquer par son zèle et son dévouement dans l'emploi de préfet des classes et de recteur du collège.

Après une maladie qui mit sa vie en danger, il sollicita et obtint la faveur d'être envoyé à Madagascar, où les Pères Jésuites venaient de fonder leur première mission catholique. Étant arrivé dans cette île, le 8 décembre 1862, il se mit à la disposition du chef de la Mission. Il y avait un peu plus d'une année que la terrible reine Ranavalo, qui avait tant persécuté les Chrétiens, était morte, et que le prince Radama, plus tolérant et plus humain, lui avait succédé. Ce roi était même devenu favorable à la mission des Pères Jésuites, car il leur avait concédé divers immeubles à Tananarive, et il assista à l'inauguration de la première église catholique qui fut fondée dans cette ville. Les missionnaires, alors chargés de civiliser cette île sauvage, étaient les Révérends pères Cazot, Finaz, Ailloud, Jouen, Lacombe, Lavigne, Biron, Schimpff, Etcheverry, etc.

Le père Ailloud s'adonna d'abord entièrement à l'étude de la langue malgache. Les nombreux livres qu'il a composé dans cette langue, et qui se voient encore dans la bibliothèque de la Mission, prouvent qu'il parvint à

(1) Il se trouvait à Aix, en 1848, au moment où les Jésuites venaient d'être chassés du collège de Chambéry et des Etats, et fut, dit-on, obligé de se cacher.

la connaitre à fond. Ces ouvrages sont : *Mois de Marie*, 1866; *Grand Cantique*, 1866; *Fêtes de la Sainte-Vierge*, 1868 ; *Vocabulaire Français-Malgache*, 1868 ; *Mois du Sacré-Cœur*, 1869; *Mois de Saint-Joseph*, 1870; *Grammaire Malgache-Howa*, 1872 (1). Il s'adonna ensuite, avec une grande ardeur, à ses travaux apostoliques, soignant et instruisant les catholiques, les protestants et les malgaches indifféremment.

En 1874, sa santé étant profondément altérée, ses supérieurs lui ordonnèrent de venir passer quelque temps au pays, pour respirer l'air natal. Il était alors curé de l'église de l'Immaculée-Conception de Tananarive; il laissa le soin de son troupeau à ses confrères et s'embarqua pour la France. Après avoir passé quelque temps à Paris, il vint faire un séjour à Aix, pour revoir ses parents et sa patrie; puis se rendit à Rome vénérer le Souverain-Pontife (1875). Depuis la fondation de son importante Mission, aucun des religieux qui la composent n'avait encore pu remplir ce consolant pélerinage. Notre respectable compatriote était accompagné de deux jeunes malgaches, convertis au catholicisme, le jeune prince Antoine Radilofera, fils du premier ministre du gouvernement de la reine, et son secrétaire particulier, un jeune hovas.

Le père Ailloud fit sa rentrée dans le port de Tamatave le 13 août 1875, sur le vaisseau *la Rance*. Étaient à bord avec lui le révérend père de Lavaissière, supérieur de la Mission, Monseigneur Delannoy, M. Soumagne, consul français à Tamatave, et les deux malgaches que nous venons de citer. La réception de l'évêque par le consul et les autorités du pays fut très brillante. Sa

(1) V. Barbier et Perrin, *Bibliographie savoisienne*.

Grandeur fut même complimentée par le jeune Radilofera. Le père Ailloud, rendu à la santé, se remit avec un nouveau zèle à ses travaux apostoliques. Son voyage avait aussi été fructueux pour sa maison, car il rapportait de France et d'Italie, suffisamment de fonds pour édifier la belle église qui s'élève aujourd'hui à Ambodinandohalo.

Le père Ailloud est mort à Tananarive le 5 septembre 1879, jour de la fête de saint Laurent-Justinien, l'un de ses patrons, à l'âge de 62 ans, après avoir passé dix-sept ans dans cette ville, où son souvenir vit encore, surtout dans la population indigène. Sa dépouille repose au cimetière des Jésuites à Ambohipô.

AILLOUD ou AILLOD (Claude-Louis), né à Aix le 20 décembre 1767, chef de bataillon et commandant d'armes dans l'armée de l'empereur Napoléon Ier. Il fut fait chevalier de l'empire le 1er janvier 1813, et après la chute de l'empereur il resta français. Ses lettres de naturalisation sont du 28 février 1816.

Selon Albrier (1) il portait pour armoiries : *d'azur à la fasce ondée d'argent, accompagnée de deux têtes de lion arrachées d'or et posées en chef, à l'épée haute en pal de gueules montée de sable, et brochant sur la fasce : champagne de gueules du tiers de l'écu au signe des chevaliers légionnaires.*

AILLOUD ou AILLOD (Jean), exerce la profession de notaire à Aix en 1581 et 1595.

ALAMY (F.), notaire, d'abord à Cuisery (Saône-et-Loire), puis à Aix-les-Bains où il a acheté l'étude de feu

---

(1) *Mémoires de la Société savoisienne d'histoire et d'archéologie,* tome XVII, page 278.

Me Mailland. Sa nomination par le Président de la République est du 30 novembre 1895.

ALEXANDRY (Christophe-Orengiani d'), doyen de la Collégiale d'Aix (1).

ALLINGES (Jean-Amédée de Coudrée d'), doyen de la Collégiale d'Aix (2).

AMBLARD (Jules-Pierre-Marie-Joseph), proclamé lauréat de la Faculté de médecine de Lyon, le 3 novembre 1885. Interne des hôpitaux de Grenoble. Il mourut à Aix, sa patrie, en juin 1887, âgé seulement de vingt-sept ans.

AQUIS (Girard de), notaire à Aix en 1347.

ARBARÈTRIER (Jean-Claude), chanoine de la Collégiale d'Aix, desservant de Tresserve en 1634, et ensuite de Trévignin.

Un de ses parcissiens, le sieur François Mailland, ayant porté plainte contre lui, il fut remplacé le 27 novembre 1665. Le chapitre d'Aix rendit en même temps une sentence le condamnant à une amende de 50 florins. L'année suivante, par acte du 4 mars, il échangea son canonicat avec révérend Jean Pingeon, contre la cure de la Thuile au décanat de Savoie.

ANNEYÈRES. Ce notaire exerce sa profession à Aix en 1569 et 1572.

AVÉNIÈRES (François des), notaire à Aix en 1537.

---

(1) Voir l'*Histoire de la Ville d'Aix-les-Bains*, par M. le comte de Loche, tome I, page 517.

(2) Voir l'*Histoire de la Ville d'Aix-les-Bains*, tome I, page 510.

ACHET (Joseph), né à Pressilly en Genevois l'année 1814, de François Bachet et de Claudine Tranchant.

Il acquit, en 1849, l'imprimerie fondée à Chambéry l'année précédente par M. Héritier, et travailla, pendant quelques années, principalement, à l'impression des feuilles qu'avait fait éclore la Constitution de 1848. Il se maria le 7 décembre 1854 avec Marie-Marceline-Baptistine Blanc, et vendit son imprimerie le 1er juillet 1857, à MM. Hivert et Ménard. C'est alors qu'il vint fonder à Aix la première imprimerie qui ait existé dans cette ville. Son brevet porte la date du 28 octobre 1858, mais ses presses ne fonctionnèrent pour la première fois que le 24 mai 1859.

Avec un matériel neuf et bien choisi, il imprima avec succès divers travaux, parmi lesquels nous pouvons citer: *la Liste officielle des étrangers venus à Aix; le Compte-rendu des Eaux d'Aix pour 1858*, par le docteur Guilland; *l'Œuvre charitable de Notre-Dame des Eaux; les Catalogues du cabinet de lecture*, de M. Bolliet; *Renseignements sur l'Établissement thermal, etc.*, par le commissaire

Dupraz, en 1859; *le Compte-rendu des Eaux d'Aix pour 1859,* par le docteur Vidal; *Recherches cliniques sur l'action des Eaux d'Aix,* imprimé en 1861; *le Solitaire d'Aix-les-Bains,* par Pierre Mirlori, 1861; *l'Indispensable ou Guide de l'étranger à Aix-les-Bains; les Embellissements d'Aix-les-Bains,* par un baigneur indécoré, 1862; *l'ancien Marquis, Aix-les-Bains, une Séance au Casino,* poésies par Madame Lesselier de Sainte-Croix, 1863; *Album historique et pittoresque des principales vues d'Aix; Souvenir d'Hautecombe,* 1862; *Souvenir de la Maison du Diable,* 1862; *les Charmettes,* 1862; *Récit de la catastrophe de Madame de Broc,* 1862; *Bulletins de la Guerre d'Italie,* en 1859, etc., etc. Enfin il faut compter encore un grand nombre de placards, d'annonces de fêtes, de concerts, de publications commerciales et politiques, des catalogues et quelques livres de piété.

En 1875, M. Joseph Bachet vendit son imprimerie à M. Anatole Gérente et se retira à Chambéry, dans la paroisse de Maché, où il mourut en octobre 1883, âgé de soixante-dix ans.

BALLY (Maurice), notaire à Aix en 1661 et 1670.

BALLY (Jean-Antoine), d'une famille originaire de Mieussy et établie à Viuz-en-Sallaz, fils de Jacques, avocat au Sénat de Savoie. Il fut reçut chanoine de la Collégiale d'Aix le jour de Noël 1680. Il déssert la paroisse de Pugny dès le 4 mars 1683. La même année, il cède à son frère François Bally, avocat au Sénat de Savoie, ses droits à la nomination d'un recteur de la Chapelle de Saint-Joseph, érigée par son père dans l'église de Viuz. Plus tard, il fut procureur du Chapitre (en 1687), et fut inhumé dans l'église d'Aix, le 6 avril 1688.

BALME (Pierre de la), est cité dans un acte comme étant chanoine de la Collégiale d'Aix, en 1518.

BALMETIS (Antoine de), d'une famille noble fixée à Aix. Il semble avoir été ce que l'on appellerait aujourd'hui un agent d'affaires. Le baron d'Aix lui passe procuration, le 9 août 1513, ainsi qu'à Antoine de Manessier, pour gérer ses affaires dans les seigneuries de Villeneuve et de la Truchère, au bailliage de Châlons.

BALMETIS (Etienne de). Ce personnage, de la même famille que le précédent, fut condamné par le fisc du marquis d'Aix, comme faussaire, et emprisonné.

En août 1596, Charles-Emmanuel et Louis de Seyssel le firent, dit-on, élargir, afin de l'employer à l'exécution du meurtre que ces seigneurs avaient projeté contre Jean-François et Claude-Antoine de Mouxy, seigneurs de Saint-Paul et de Santaury. Louise de la Chambre, veuve de Georges de Mouxy, comte de Montréal, belle-sœur des victimes, prit dès lors une telle aversion pour Louis de Seyssel, son neveu, qu'elle résolut de le déshériter. Elle fit, en effet, son testament en faveur du prince Thomas de Savoie-Carignan. Louis de Seyssel sachant cela, se servit encore de Balmetis pour exécuter ses mauvais desseins. Ce triste personnage, selon les ordres qu'il en avait reçus, arrachat par la violence à la comtesse de Montréal un deuxième testament le 10 octobre 1628, qui fit passer l'immense fortune de la maison de la Chambre dans celle des de Seyssel. En 1636, il se qualifie de procureur au Sénat de Savoie, et de bourgeois de la ville de Chambéry, ce qui est assez singulier.

BARBIER (Jean-François), chanoine de la Collégiale d'Aix, inhumé dans l'église de cette ville en 1630, le 30 août.

BARBIER (Pierre-Victor), chevalier de la Légion d'honneur, ancien président de l'Académie des sciences, belles-lettres et arts de Savoie, de la section du Club-Alpin français d'Aix-les-Bains, naquit à Paris en 1828, le 30 juin. Il suivit l'honorable carrière de son père, directeur général des Douanes françaises et débuta en 1849 par être visiteur. Successivement, il fut ensuite employé à la Direction de Bordeaux, et à la Direction générale à Paris.

Il vint en Savoie, après l'annexion de notre pays à la France, en 1868, pour occuper l'important emploi de directeur des douanes à Chambéry. En 1876, ayant été révoqué pour ses opinions politiques, épris de notre beau pays, M. Barbier résolut de se fixer à Aix, où il acquit la villa Campanus. C'est dans ce joli cottage qu'il a écrit son bel ouvrage, *la Savoie industrielle*, publié dans les *Mémoires de l'Académie de Savoie;* une *Notice sur les Mosaïques du Cercle d'Aix*, 1883; son *Rapport sur le chemin de fer du Revard*, présenté au Comité des études en 1888; sa *Notice sur le projet d'établir un Grand-Hôtel-Sanitas à Pugny*, en 1891; sa *Monographie des Directions des Douanes*, imprimée à Aix, chez Gérente, en 1890, 2 vol. in-8° de 540 et 548 pages; son *Catalogue du Musée d'Aix* (non achevé), et autres travaux qui dénotent le patriotisme, l'activité et l'érudition de leur auteur (1).

M. Barbier fut encore l'initiateur du Chemin de fer du Revard, président du Comité des Écoles libres, d'Aix, président du Comité de la Société de la Croix-Rouge pour les blessés militaires, président de la Société des Corbières formée pour créer un établissement de cure d'air pour les baigneurs.

---

(1) Voir la nomenclature complète de ce qu'il a publié dans la *Bibliographie Savoisienne,* qui est déjà en partie publiée.

BARBIER (Pierre-Victor)
ancien Directeur des Douanes

Héliog. Dujardin

AIX-LES-BAINS, IMP. GÉRENTE.

Il est décédé à Aix le 28 septembre 1898, et ses funérailles furent célébrées dans cette ville le 1er octobre suivant. Son corps repose à Strasbourg auprès des siens.

BARILLET (Philippe de), qualifié de bourgeois d'Aix, en 1591. Il possède une maison dans cette ville, et une ferme à Saint-Hippolyte.

Son fils Laurent, lieutenant au préside de Montmélian, fut annobli par patentes du 31 janvier 1604. Ses armoiries sont : *d'azur à trois barrillets d'argent, 2 et 1.* Cimier : *un bras armé tenant une épée.* Devise : *L'honneur est ma guide* (1).

BARILLET (Félix de), petit-fils de Laurent, naquit à Aix le 17 octobre 1633, et eut l'insigne honneur d'avoir pour parrain Son Altesse Dom Félix de Savoie, lieutenant-général de Savoie.

Il fut gentilhomme de la Chambre de S. A. R. et lieutenant d'une compagnie au préside de Montmélian, en 1688. Son mariage avec Marie, fille de Claude-Emmanuel Millet, marquis de Faverges, veuve de M. Jaillet, est du 9 juillet 1676.

BAVOUZ (Jean-Antoine), déjà chanoine de la Collégiale d'Aix le 8 avril 1688.

Il desservit les paroisses de Saint-Paul et de Saint-Sigismond, de 1690 au 25 juin 1694, fut procureur du Chapitre une année, et nommé desservant de Trévignin le 13 avril 1695. Après avoir été de nouveau procureur du Chapitre en 1698, il devint curé d'Albens. Il rend des comptes au Chapitre le 25 septembre 1699.

(1) Foras. *Armorial,* 1, page 124.

BAZAINE (Achille), ingénieur, chargé du service des eaux potables d'Aix, pour la Compagnie des Travaux hydrauliques de Lille. Les travaux considérables faits pour augmenter le volume des eaux potables de la ville, ont été faits d'après ses plans et sous sa surveillance.

BELLOD (Philbert). Il échange, le 7 juillet 1673, avec révérend Guillaume Frarier, une chapelle qu'il possède dans l'église de Chevelu, sous le vocable de Saint-Urbain, contre le canonicat du Chapitre d'Aix.

Ensuite de cet échange, approuvé par le marquis et la marquise de Seyssel d'Aix, révérend Bellod fut institué le 20 du même mois par le doyen de Thoras, et installé le lendemain.

Le 16 octobre de la même année, le Chapitre le nomme desservant de l'église de Pugny, mais il semble avoir été peu assidu à remplir sa charge, car, le 22 novembre 1674, le Chapitre lui enjoint d'être plus assidu, sous peine d'être privé de sa prébende, et le 31 décembre suivant il est encore admonesté pour avoir laissé mourir un enfant sans baptême. Plus tard, le 15 mars 1684, révérend Bellod fut appelé à desservir la paroisse de Tresserve. En 1685 et 1687, il cumule cette charge avec celle de procureur du Chapitre. Son corps fut enseveli dans l'église d'Aix le 13 avril 1699.

BELLY (Félix-Eugène), né au Pont-de-Beauvoisin (Isère), le 29 février 1801, mort dans la même ville le 13 novembre 1882.

Il appartient à Aix comme rédacteur en chef du *Neptune*, le plus ancien des journaux parus à Aix (de 1852 à 1856). Il a publié plusieurs brochures énoncées dans la *Biographie savoisienne* de MM. Barbier et Perrin, tome I, page 36.

BERGOGNON (Philippe), et son fils Antoine, obtinrent, vers l'an 1352, du comte de Savoie, le privilège d'ouvrir des comptoirs de banque à Aiguebelle, Chambéry et Saint-Hippolyte-sur-Aix *(Sancti Yppoliti supra Aquas)*, pour une durée de dix ans.

Les affaires ne furent probablement pas brillantes, car la convention fut dénoncée le 18 décembre 1358, et nos banquiers ne conservèrent plus que le comptoir de Chambéry (1).

BERNARD (Joseph), originaire de Modane. Il signe pour la première fois, au registre capitulaire du Chapitre de la Collégiale d'Aix, en qualité de chanoine, le 19 juin 1737. Il fut nommé desservant de la paroisse de Tresserve le 25 juin 1738, pour trois ans, occupa la charge de secrétaire du Chapitre dès le 24 juillet 1743, et fut procureur de 1750 à 1770, cumula cet emploi avec la dignité d'archidiacre, et fut inhumé dans l'église d'Aix le 6 septembre 1772.

BERNEX (Jacques), notaire à Aix en 1626.

BERTHELET (Michel), docteur-médecin à Aix, en 1717, mort dans cette ville le 5 janvier 1735.

BERTHET (Joseph), né à Cruet, chanoine d'Aix en 1746, desservant de la paroisse de Saint-Sigismond dès le 21 juin 1739, curé de Pugny dès le 25 janvier 1747, de nouveau desservant de Saint-Sigismond du 1er septembre 1756 à sa mort. Il fut aussi pendant quelques années recteur de la chapelle de Saint-Jean-Baptiste à Pugny. Mort à Aix en février 1788.

---

(1) *Mémoires de la Société savoisienne d'histoire et d'archéologie*, tome XXIV, page 242.

BERTHET (Pierre-Denis-Justin), natif de Besançon, docteur en médecine de l'Université de Paris, en 1853, établi à Aix, où il mourut le 4 juillet 1863. Il a publié deux ouvrages :

1º *Le Solitaire d'Aix-les-Bains*, in-8º, imprimé à Aix chez Bachet, sous le pseudonyme de Pierre Mirlori, en juillet 1861;

2º *Aix-les-Bains, ses Thermes*, traité complet, descriptif et thérapeutique des eaux minérales, sulfureuses, alcalines, io-bromurées d'Aix-en-Savoie. Imp. à Chambéry, chez Puthod, en 1862, in-8º de 277 pages (1).

BERTIER (Michel), qualifié de bourgeois d'Aix, en 1599.

BERTIER (Jean-Claude), chanoine du Chapitre collégial d'Aix. Il est témoin au testament de Louise de Seyssel, marquise de la Chambre, comtesse de Montréal, signé le 10 octobre 1628, au château de Longefan (2), et vit encore en 1630, au mois de février, étant alors procureur du Chapitre.

BERTIER (Pierre), chanoine du Chapitre collégial d'Aix. Il est délégué par le doyen de la Sainte-Chapelle de Savoie, le 12 avril 1657, pour installer révérend Jean-François d'Orlié, de Saint-Innocent, comme prieur du prieuré de Saint-Nicolas, à Grésy en Genevois.

BERTIER (Claude), notaire à Aix en 1723 (3).

---

(1) Association des Médecins de Savoie. 1863, page 2.

(2) Ce château est situé sur la commune de la Biolle, voisine de celle d'Aix.

(3) On trouve mention d'un autre Bertier Claude, notaire, qui serait né en 1631, et aurait épousé Marguerite Domenget.

BERTIER (Georges), procureur au Sénat de Savoie en 1739.

BERTIER (Joseph-Etienne), oratorien et physicien, né à Aix en 1710, mort en 1775. Il a publié un ouvrage sur la *Physique des corps animés (Bibliographie savoisienne*, tome I, page 42).

BERTIER (Louis), procureur au Sénat de Savoie en 1766, mort avant 1774.

BERTIER (Pierre), procureur au Sénat de Savoie, inhumé à Aix le 20 juin 1772.

BERTIER (François-Bertrand), procureur au Sénat de Savoie en 1757 et 1774, fils de Louis susdit.

Il est dit né et habitant à Chambéry, ainsi que son cousin germain François-Jacques Bertier, feu Pierre, substitut procureur, lorsque, dans un acte du 11 août 1774, ils consignent divers services féodaux à Chénaz et Héry-sur-Alby, autrefois appartenant, ainsi que onze familles taillables, aux familles nobles de la Palud et de Mouxy de Saint-Paul. Le tout avait été acquis le 22 septembre de Marguerite de Menthon de Lornay de Grimotière, femme du seigneur de Regard de Disonche.

La famille Bertier, à cette époque, possédait un fief à Mouxy, qui était un démembrement de celui de Saint-Paul.

BERTIER (Louis), fils de François-Bertrand susdit, fut aussi procureur au Sénat de Savoie. Il se qualifie de bourgeois de Chambéry, et épousa Antoinette Roissard. Il est conseiller de la ville d'Aix en 1801 (1).

---

(1) Un Louis Bertier est receveur des Douanes royales en Savoie, en 1824 ?

BERTIER (François-Bertrand), fils du précédent, receveur de l'enregistrement, insinuateur à Aix de 1822 à 1850. Décédé dans cette ville, âgé de 83 ans, le 26 décembre 1874. Il avait épousé Mlle Joséphine Curtelin.

BERTIER (Louis-Sébastien), fils du précédent, né au Montcel, le 10 novembre 1816, reçu docteur en médecine et en chirurgie à l'Université de Turin, le 4 janvier 1844. Il revint ensuite à Aix et y exerça brillamment la médecine.

En 1860, il fut nommé sous-inspecteur de l'Établissement thermal, fonction qu'il occupa jusqu'en 1880. A peu près en même temps, il devint président de la Société des Médecins d'Aix, puis Conseiller général pour le canton de 1866 à 1871.

Président de la Fabrique paroissiale de 1891 à 1898, il contribua largement par son activité et son énergie à la construction de la nouvelle Église. Il mourut au Montcel le 31 mars 1898.

Il était chevalier de la Légion d'honneur et commandeur de l'Ordre royal de la Couronne de Roumanie.

Toujours au premier rang de ceux qui travaillèrent à l'embellissement de notre belle station thermale, il en resta jusqu'à la fin une des figures les plus sympathiques et les plus originales. Promoteur intelligent et infatigable de tous les projets pratiques, il les exposa ou les défendit dans de nombreux articles.

En outre, on a de lui une dizaine de brochures parues chez Puthod, à Chambéry; Ducloz, à Moûtiers; Lahure, à Paris et Gérente, à Aix.

BERTIER (Charles), frère du précédent, né à Aix le 25 juillet 1821. Après avoir fait son cours de droit

Dr BERTIER (Louis-Sébastien)
ancien Conseiller général

Héliog. Dujardin AIX-LES-BAINS, IMP. GÉRENTE.

à l'Université de Turin, il vint à Chambéry se faire inscrire au tableau des avocats de cette ville, et commença à plaider avec talent les causes qui lui furent confiées, tant auprès du Tribunal de première instance, que devant la royale Cour d'appel de Savoie.

En qualité de rédacteur en chef du journal *le Courrier des Alpes*, il prit une part importante, en 1860, à la direction politique que l'on voulait donner à l'opinion publique en Savoie, et fut ainsi un des précurseurs de l'annexion de notre pays à la France. Après ce grand événement, l'empereur Napoléon III, voulant récompenser son zèle et ses services, le nomma maître des requêtes au Conseil d'État et chevalier de la Légion d'honneur.

Quelques années après, l'Empereur lui confia le gouvernement civil de la Martinique, l'une des plus importantes colonies de la France. Là encore il fut à la hauteur de sa mission par son zèle, sa fermeté, sa justice auprès des populations de races diverses qu'il eut à administrer. Après avoir fait un séjour de quelques années dans ce lointain pays, le Gouverneur de la Martinique revint à Paris, et fut appelé à remplir les hautes fonctions de Conseiller d'État en service ordinaire. C'est à peu près à cette époque, qu'afin de mieux récompenser ses services, il fut élevé par l'Empereur au grade d'officier de la Légion d'honneur.

Vers la fin de l'année 1870, l'Empire ayant sombré, et avec lui le grand corps administratif et judiciaire du Conseil d'État, Charles Bertier dû quitter le poste élevé où l'avait placé son mérite, et se réfugier au sein de cet hospitalier barreau de Chambéry, qui avait été autrefois témoin de ses premiers succès.

Il mourut dans cette ville le 29 janvier 1882.

BERTIER (Jean-Baptiste), frère des deux précédents, né à Aix le 17 février 1829, ordonné à Paris le 21 mai 1853, fut un prêtre de beaucoup d'avenir.

Il était aumônier de l'archevêché de Chambéry (nomination du 4 novembre 1853), et vice-promoteur de l'officialité diocésaine (nomination du 8 août 1857), lorsqu'il mourut de la petite vérole, dans cette ville, et y fut inhumé le 22 décembre 1857.

BERTIER (Francis), fils de Louis-Sébastien, né à Aix le 9 août 1846, reçu docteur en médecine à l'Université de Paris le 28 mars 1873, décédé à Aix en 1883, le 8 septembre, à l'âge de trente-sept ans.

Doué de beaucoup de talents et du plus aimable caractère, il avait déjà, quoique jeune, acquis une grande réputation auprès de ses compatriotes et de la clientèle étrangère. Il avait épousé Mademoiselle Marie Dégallion, le 24 décembre 1874, et a laissé deux fils, en qui se continue son honorable famille. Il a publié les ouvrages ci-après :

1° *Des Eaux minérales de la Savoie*. Paris, chez Parent, 1873, in-4° de quatre-vingt-huit pages;

2° *Simple note sur le traitement du rhumatisme articulaire chronique* (arthrite déformante), *par les Eaux d'Aix* (Extrait des *Annales de la Société d'hydrologie de Paris*, tome XXII). Imprimé chez Gérente, à Aix, en 1877, in-8° de seize pages;

3° *The spas of Aix-les-Bains and Marlioz*, 1876.

BERTIER (Charles), frère du précédent, licencié en droit. Il fut d'abord nommé juge suppléant auprès du Tribunal civil de Saïgon (Cochinchine), puis commissaire du gouvernement près le Tribunal de Saint-Barthélemy (Antilles), par décret du 11 mars 1879.

Quelques temps après, sa santé l'obligea à rentrer en Savoie, et malgré tous les soins dont il fut entouré, il mourut à Genève le 7 septembre 1881, âgé de trente ans.

BERTRAND (Léonard), médecin, bourgeois de la ville d'Aix. Il épousa en 1638 Claudine Froment.

Voici comment le châtelain Domenget raconte sa mort. « 1664. Léonard Bertrand mort d'apoplexie qui « arriva chez Sébastien Lassalle le lundi 25 février, et « n'a parlé ny remue que bien peu depuis les 7 h. du « soir du dit jour que le mal luy arriva jusqu'au 27 du « dit mois qu'il est décédé à onze heures du matin, âgé « de 57 ans. » (1).

BERTRAND (Pierre), chirurgien, fils du précédent, né le 31 août 1651, mort le 8 décembre 1737, à l'âge de 86 ans. Il épousa en première noce Claudine Tocquet, inhumée le 13 novembre 1720, et en deuxième Charlotte Palatin, trois mois avant sa mort!

BERTRAND (Antoine), de la même famille, chirurgien et bourgeois d'Aix. Il est présent, en 1673, le 30 octobre, à l'acte par lequel révérend Guillaume de Crose se démet de sa charge de chanoine de la Collégiale d'Aix.

BERTRAND (Claude), médecin et bourgeois d'Aix, décédé le 26 avril 1686. Il avait épousé Gasparde Bouvier, inhumée le 22 octobre 1693.

---

(1) La note suivante, insérée dans le *Bulletin de l'Association florimontane d'Annecy*, vol. 2, page 382, fait supposer que Léonard Bertrand était fils d'un médecin déjà établi à Aix, ou à Saint-Jean-de-Maurienne. « Pelletier Jacques, né au Mans, a fréquenté la Savoie en « 1571 et 1572, où il a connu le médecin Bertrand, auteur du *Diva « virgo Charmensis*, qui l'appelle son ami. »

BERTRAND (Jacques-Romain). Il signe pour la première fois en qualité de chanoine, au livre capitulaire de la Collégiale d'Aix, le 10 octobre 1707. Il est nommé desservant de l'église de Saint-Sigismond, le 25 juin 1708, pour trois ans, mais occupe encore cette charge en 1715. Il fut inhumé dans l'église d'Aix, le 20 avril 1730.

BERTRAND (Adrien), fils de Pierre susdit, fut vicaire d'Aix jusqu'en mai 1721, époque où il fut nommé chanoine de la Collégiale de cette ville. Il dessert Saint-Sigismond, de 1731 à 1737.

Le 12 avril 1741 il est chargé de la paroisse de Tresserve pour trois ans, puis donne sa démission le 23 février 1757, alléguant son grand âge et ses infirmités. Il vécut encore quelques années, et fut enseveli dans l'église d'Aix, le 7 février 1772.

BERTRAND (Jean), feu Benoît, qualifié de bourgeois d'Aix, est notaire à Saint-Maurice en Valais, en 1764.

BESANÇON (Charles), né à Besançon en 1829, vint à Aix en 1861 pour rédiger la *Savoie thermale*, un des meilleurs journaux qui ait été publié dans cette ville jusqu'à ce jour. Il donna ses soins à cette publication jusqu'au 23 février 1879, époque où elle cessa de paraître.

Cet écrivain est décédé à l'asile de Bassens, près de Chambéry, le 11 octobre suivant. Il a laissé divers écrits :

1° *Le Mont-Blanc et Chamonix*, guide du touriste. Imp. à Genève, chez Vérésoff, in-12;

2° *Évian-les-Bains,* guide du baigneur et du touriste. Imp. à Genève, chez Véresoff, in-12;

3° *Rimembrenza,* roman avec une eau forte, d'après

le tableau de Maillard. Imp. à Genève, chez Vérésoff, in-8°, 1871;

4° *Aix-les-Bains et les eaux de la Savoie*, guide. Imp. à Chambéry, chez Bonne, Conte-Grand et Cie, en 1875, in-16 de 125 pages avec carte;

5° *Georgette*, nouvelle. Imprimé à Chambéry, chez Chatelain, en 1877;

6° *Comédies (Les Violettes blanches, Pas de lettres, A l'autel)*, un vol., imp. à Chambéry, chez Chatelain, 1877.

BIAS (Jean-Louis-Victor), né à Paris de François Bias. Il fut directeur et fermier du Grand Cercle Casino d'Aix, de 1849 à 1856. Son initiative a puissamment contribué à la prospérité de la ville d'Aix, et on l'a considéré avec raison comme le bienfaiteur du pays.

BLACHETTE (Claude-Joseph), chanoine de la Collégiale d'Aix. Il signe en cette qualité, au livre capitulaire, le 29 janvier 1731 et mourut le 2 mars 1760.

BLANC (Jean), chanoine au même Chapitre en 1518.

BLANC (Claude), chanoine au même Chapitre en 1678; inhumé dans l'église d'Aix le 12 décembre 1695.

BLANC (Victor), chanoine au même Chapitre. Il dessert Trévignin lorsque la Collégiale le nomme recteur de la chapelle de Saint-Victor, sous le Revard, en 1670, le 17 mai. Il se démit de sa charge de chanoine en 1694 et mourut en 1696.

BLANC (Louis-Ambroise-Marie), naquit à Sallanches, le 1er août 1813, de Félix Blanc. Reçu docteur en médecine à l'Université de Turin le 24 mai 1837.

Son mariage avec Mademoiselle Éléonore Bimet le

fixa à Aix, vers 1839. Il mourut dans cette ville le 1er août 1863 (1).

On a de lui un *Rapport sur les Eaux thermales d'Aix-en-Savoie*, pendant l'année 1855, suivi de considérations pratiques sur leurs propriétés médicinales. Paris, Firmin-Didot, 1856, in-8° de 56 pages.

BLANC (Léon), fils du précédent, né à Aix le 8 avril 1841, reçu docteur en médecine à l'Université de Paris, le 14 mai 1867.

Sa thèse fut récompensée par la Faculté de médecine de cette ville, elle avait pour titre : *de l'action du soufre et des sulfureux dans le traitement de la syphilis* (2).

Médecin-major pendant la campagne de 1870-1871, médecin de l'hôpital de l'Asile évangélique, de 1875 à 1888, il fut nommé par le Gouvernement inspecteur des Eaux d'Aix, en avril 1880. Dans la saison de 1889, l'Inspectorat des Eaux fut supprimé.

M. le docteur Blanc est chevalier de la Couronne d'Italie (1886), de la Légion d'honneur (4 janvier 1888), membre de la Société médicale de Chambéry, de celle d'hydrologie de Paris, etc. Il a publié :

1° *Rapport sur les Eaux d'Aix en Savoie, pendant l'année 1880*. Imp. à Paris, chez Martinet et Cie en 1881, in-8° de 46 p. avec un plan de l'Établissement thermal;

2° *Des affections cardiaques d'origine rhumatismales traitées aux Eaux d'Aix-les-Bains*. Imp. à Aix, chez Gérente, en 1886, in-8° de 53 pages.

BLANC (Philibert), né à Aix en 1775, sergent au

(1) Un article nécrologique sur ce médecin fut publié dans le *Courrier de Savoie*, numéro du 5 août 1863.

(2) Imp. à Paris, chez Delaye, en 1867, 47 pages.

premier bataillon des volontaires du Mont-Blanc, en 1793, sous-lieutenant en 1795. Il fit la campagne d'Italie, en 1796, avec la 18e brigade d'infanterie, qui prit part cette année là à dix-huit batailles et soixante-sept combats. Il se retira du service après cette mémorable campagne.

BOCQUIN (Georges), chimiste, pharmacien à Aix, chevalier de l'ordre royal du Sauveur de Grèce (août 1894), officier d'académie le 12 février 1898, président de la Société des pharmaciens de Savoie, président du Conseil d'administration du Cercle (1894-1899). Son oncle, aussi appelé Georges, fut un pharmacien avantageusement connu, qui mourut à Aix le 16 octobre 1889, à 83 ans.

BOCQUIN (Laurence), née à Aix le 10 août 1825, de Joseph Bocquin et de Marguerite Sevez, ses père et mère.

Parvenue à l'âge de vingt-deux ans, et attirée par la pieuse pensée de se consacrer à l'enseignement de la jeunesse et au soin des malades, elle se fit recevoir (10 octobre 1847), dans la Congrégation des Sœurs de la Charité, sous le nom de sœur Marie-Joseph, ou Marie-Joséphine.

Il ne faut pas confondre cet ordre avec les Sœurs de Charité de France, vouées uniquement au service des hôpitaux et des blessés, et qui portent les grandes cornettes blanches. Les sœurs de la Charité de Savoie, que leur costume fait appeler vulgairement sœurs grises, et que l'on appelle aussi quelque fois sœurs de Saint-Vincent de Paul, du nom de leur patron, sont vouées à l'enseignement primaire des filles et au service des malades; elles dépendent de la maison provinciale de la Roche (Haute-Savoie), qui relève elle-même de la maison mère qui est à Rome. Les sœurs de la Charité, dites sœurs grises, furent donc importées d'Italie en Savoie, sous le Gouvernement Sarde, après la Restauration (1).

Ses études étant complétées et son noviciat achevé, à la maison de la Roche, la sœur Marie-Joseph fut envoyée à Faverges, où elle passa vingt ans (1852-1872), tant à enseigner qu'à diriger, comme supérieure, un asile et un pensionnat.

De Faverges, elle fut placée à Nice, où elle passa dix ans encore dans l'exercice des œuvres de charité, soignant les malades, dirigeant en même temps un asile, des écoles primaires et un hospice de vieillards.

En 1882, étant élue supérieure provinciale de la maison de la Roche, elle vint résider dans cette ville, où elle donna de nouvelles preuves de capacité et de dévouement; puis, en 1885, elle fut appelée à Rome comme assistante de la Supérieure générale de la congrégation, la mère Vignet (2).

Celle-ci étant décédée la sœur Marie-Joseph fut élue vicaire générale, puis supérieure générale, le 31 mai 1888. Cette charge éminente, d'après les statuts de la Congrégation, se confère pour cinq ans, et peut être renouvelée. Elle le fut, en effet, en faveur de la mère Marie-Joseph, un mois et demi avant sa mort, ce qui fait l'éloge de ses qualités et de ses vertus. Elle est décédée à Rome, le 14 juin 1893, à l'âge de soixante-huit ans, à la suite d'une longue maladie.

Sa dépouille mortelle, entourée de guirlandes de lys

(1) Les sœurs grises en arrivant en Savoie, allèrent s'établir à Saint-Paul, paroisse du Chablais. Par la suite, leur nombre ayant beaucoup augmenté, elles se transportèrent à la Roche (1838).

(2) Sœur Marie-Thérèse Vignet, aussi d'Aix; voir son article.

et de couronnes de fleurs, escortée par plus de six cents jeunes filles, des écoles et des asiles de l'Ordre à Rome, par les architectes et ouvriers de l'église de Saint-Vincent de Paul, au pied du mont Aventin, dans ce magnifique sanctuaire, dont elle avait entrepris la construction en janvier 1892, et qu'elle avait eu la consolation de voir terminer avant sa mort. Après une messe solennelle de *Requiem,* célébrée par Monseigneur Marzolini, chapelain secret de Sa Sainteté le pape Léon XIII, et l'absoute donnée par Monseigneur Navarre, archevêque titulaire de Cyrrhus, le cortège funèbre s'achemina vers le cimetière de *Campo Verano,* où reposent les sœurs de la Charité de la maison-mère (1).

Le roi d'Italie, ayant entendu parler du mérite de la mère Marie-Joseph, et particulièrement de son dévoûment à soigner les cholériques à Naples, lorsqu'elle y fut envoyée, lui avait fait remettre, au commencement du mois d'août 1889, la médaille d'argent du Mérite civil d'Italie.

BOGEY (Georges-Marie), né à Aix en 1818, le 24 juin, ordonné prêtre le 10 juin 1843. Il fut d'abord vicaire à Montmélian (8 juillet 1843), puis aumônier du pensionnat des Frères de la doctrine chrétienne, à la Motte-Servolex (15 juin 1846). Nous le trouvons ensuite professeur de philosophie au grand Séminaire de Chambéry (23 mars 1848), et précepteur de Son Altesse Royale le prince de Piémont (20 octobre 1852), aujourd'hui sur le trône d'Italie.

Monseigneur Billet, qui l'avait choisi entre tous les

(1) Le *Moniteur de Rome,* du 21 juin 1893, a consacré un article nécrologique à la mère Marie-Joseph.

prêtres de son diocèse pour occuper cette place de confiance, le tenait en haute estime, et lui conféra en 1858 la dignité de chanoine honoraire.

Les brillants débuts du chanoine Bogey lui laissaient entrevoir pour l'avenir, de nouvelles dignités, lorsqu'une imprudence vint le ravir aux siens, à la Maison royale, et au clergé de Savoie. Étant au palais royal de Montcallieri, avec son élève, il voulut un jour prendre un bain dans l'étang du parc, peu de temps après avoir déjeuné. Surpris par la congestion, il se noya sans qu'on ai pu lui porter secours, le 9 juillet 1859. M. le chanoine Bogey a laissé trois manuscrits :

1o *La vie de la reine Marie-Adélaïde* (inachevée);

2o *Catéchisme à l'usage des princes et princesses de la Maison royale de Savoie;*

3o Des *Mémoires* où l'on pourrait puiser des faits intéressants sur la vie privée des membres de la famille royale, à l'époque.

BOGEY (Étienne-Marie), né à Aix en 1839, le 1er octobre, frère du précédent, ordonné prêtre le 21 mai 1864. Il fut d'abord vicaire à Montmélian (1864, 16 juin), curé de Bissy le 12 mars 1875, vicaire de la paroisse de Saint-François de Sales à Chambéry en 1868, le 21 mars, aumônier des Sœurs de Saint-Joseph de la même ville le 1er octobre 1871, archiprêtre de Chindrieux le 8 mars 1882, et aumônier des hospices de Chambéry le 18 mars 1896. Il mourut dans cette ville âgé de 58 ans, le 25 décembre 1897.

C'était un homme doux, aimable, pieux et charitable, qui a laissé, comme son frère, le meilleur souvenir.

BOLLATIN (François), docteur en théologie, chanoine de la Collégiale d'Aix en mai 1672, chantre de ce Chapitre de 1678 à 1687. Il fut le fondé de pouvoir et l'intendant général du marquis d'Aix.

Le livre capitulaire du Chapitre contient une ordonnance rendue contre lui le 23 juin 1683, portant divers articles, ainsi résumés : 1° Que révérend Bollatin, pour recevoir l'absolution de son interdit, rendra les titres du Chapitre, et les rendant se purgera par serment de n'en avoir ni savoir d'autres. 2° Qu'il obtiendra des seigneurs marquis d'Aix des lettres qui prouvent que la mauvaise impression qu'il a *produit* sur eux contre le Chapitre est *éffacé*. 3° Qu'il fera résidence comme les autres chanoines. 4° Qu'il n'intentera aucun procès contre le Chapitre. 5° Qu'il *appaisera* tous ceux qu'il a *suscité* contre lui au nom des seigneurs d'Aix, et les terminera à l'amiable. 6° Qu'il demandera pardon au doyen et aux chanoines du manque de respect, par paroles et actions peu décentes, dont il a pu se rendre coupable à leur égard. Révérend Bollatin promet observer ces articles sous peine de privation de sa prébende. Il fut inhumé dans l'église d'Aix le 16 mai 1691.

BOLLIET (Claude), médecin à Aix en 1642, mort dans cette ville le 26 septembre 1674. Il avait épousé Claudine Favre (1).

BOLLIET (Louis-Joseph), spectable, bourgeois de Chambéry, fut inhumé dans l'église d'Aix en 1733, le 7 mars. Il fut marié à Laurence La Combaz.

(1) 1699, 18 juillet, sépulture à Mouxy de spectable Bolliet, avocat au Sénat de Savoie. — 1705, les enfants de feu l'avocat Bolliet possèdent une grange au Biolay-sur-Aix. — 1706, octobre le 4, sépulture de Claude, fils de M. Charles Bolliet, bourgeois de Chambéry, âgé de neuf mois.

BOLLIET (Joseph), maître-chirurgien à Aix en 1704. Il est qualifié de bourgeois de Chambéry, lorsqu'il épouse, le 17 janvier 1720, Claudine Durand, laquelle fut inhumée à Aix le 1er septembre 1764.

BOLLIET, religieux du couvent Saint-François, à Chambéry, inhumé à Aix, dans la chapelle de Notre-Dame, le 30 décembre 1721.

BOLLIET (Laurent-Joseph), né à Aix, le 28 mars 1851, élève de l'école de médecine de Montpellier, interne des hôpitaux de Lyon en 1876, délégué à l'épidémie de fièvre typhoïde à Saint-Bauzille-de-Putois, en août 1880, docteur-médecin. Sa thèse au doctorat a pour titre : *Contribution à l'histoire des pansements antiseptiques et du pansement ouato-phéniqué.* (Montpellier, imp. Firmin et Cabirou frères. 1881, in-8o de 88 pages).

Fixé à Aix, le docteur Bolliet fut nommé médecin-inspecteur du service de la protection des enfants du premier âge (30 octobre 1883), médecin-adjoint de l'hospice de la Reine-Hortense, major de la compagnie des sapeurs-pompiers de la ville d'Aix et médecin-major de 2e classe dans l'armée territoriale (octobre 1886). Il est mort, âgé de 38 ans, à Nice, le 25 mars 1889, et son corps, apporté à Aix, fut inhumé dans cette ville trois jours après.

BOLLIET (Antoine), libraire, frère du précédent et fils de Henri. Il a pris une bonne part aux travaux des diverses administrations de la ville d'Aix comme conseiller municipal, adjoint au maire et membre de divers conseils et comités.

Il fut élu conseiller d'arrondissement en 1884, puis réélu le 28 juillet 1889 et le 28 juillet 1895. Nommé officier d'Académie le 12 septembre 1891, il occupa la

BONNA (Paul)
ancien Maire d'Aix

Héliog. Dujardin — AIX-LES-BAINS, IMP. GÉRENTE.

charge de président du Conseil d'arrondissement jusqu'à sa mort. Il est décédé à Aix, le 12 mai 1898, à l'âge de 51 ans. Il a été enseveli le 14.

BONNA (Paul), entrepreneur de travaux publics, né à Chambéry en 1840, vint se fixer de bonne heure à Aix.

Élu conseiller municipal en 1880, il fut nommé adjoint au maire d'Aix le 18 mai 1884, et en cette qualité fit fonction de maire du 2 mars 1886 à mai 1888, époque où il fut nommé maire de la ville, qu'il administra sagement et avec le plus grand dévouement. Nature d'élite, sa grande compétence l'avait fait nommer juge au Tribunal de Commerce et censeur de la Banque de France de Chambéry.

Par décret impérial du 9 décembre 1889, il fut nommé officier de l'ordre de la Rose du Brésil, en souvenir des attentions de la Municipalité d'Aix pour l'empereur du Brésil, lors de son séjour dans cette ville, dans l'été de la même année.

Il était en outre officier d'Académie, chevalier de l'ordre du Saint-Sauveur de Grèce.

Pendant sa carrière d'entrepreneur, M. Bonna dirigea de grands travaux, au nombre desquels nous citerons l'Asile évangélique, une partie du Grand Cercle d'Aix, le Splendide-Hôtel, l'hôtel des Bergues, les agrandissements de l'Établissement thermal, la construction de voies de chemins de fer et, dernièrement, la Nouvelle Église d'Aix qui fut continuée par ses fils, MM. François et Joseph Bonna.

Il a été inhumé à Aix-les-Bains le 1er février 1894.

BONNARD (Claude), notaire à Aix, et curial du mandement en 1540.

BONNAUD (Antoine), chanoine de la Collégiale d'Aix, institué curé de Pugny le 13 novembre 1560.

BONTRON (Pierre), chanoine du même Chapitre en 1763, année de sa mort.

BONTRON (Jean-Pierre), fils de Pierre, né à Turin en 1740. Il signe pour la première fois au livre capitulaire de la Collégiale d'Aix, en qualité de chanoine, le 11 mars 1769. Nous le retrouvons ensuite présent à la bénédiction de la chapelle de la Bâtie, au Montcel, le 24 mai 1792.

Successivement, il prêta le serment constitutionnel dans l'église d'Aix (24 février 1793) et le serment d'Albite (17 février 1794). Il était alors âgé de 54 ans, et l'on voit dans un certificat d'hospitalité que lui délivra la Municipalité d'Aix, le 17 nivôse, an 2, qu'il habitait cette ville depuis vingt-six ans. Le 28 juin 1795, il remit à Turin sa rétractation à MM. les Vicaires capitulaires, qui lui trouvèrent de si bons sentiments qu'ils lui permirent de rentrer dans le diocèse, comme missionnaire. En 1798, il fut arrêté et conduit à l'île de Rhé ; il devait être embarqué pour la Guyanne le 1er août, mais une maladie grave le retint à l'île de Rhé, où il mourut le 9 octobre suivant.

BORDEL (Jérémie), fils de Georges-Jacques, bourgeois d'Evian. Il est mis en possession de la charge de chanoine du Chapitre collégial d'Aix le 19 janvier 1661. Il avait été nommé le 13 septembre 1660 par Claude-Alexandre de Fauchier, baron de l'Etoile, comme mari de Françoise-Paule de Seyssel, qui avait en partie droit au marquisat d'Aix.

BOVAGNET (Adèle-Joséphine), supérieure du

couvent des sœurs de Saint-Joseph d'Aix, sous le nom de sœur Julie.

Elle dirigea pendant quelques années, avec beaucoup de sagesse et de capacité, l'école normale de Rumilly, et ne quitta ce poste de confiance que lorsque la laïcisation et le transfert de l'établissement à Chambéry fut décidé. Le Gouvernement reconnut ses mérites en lui décernant alors les palmes académiques. Les services rendus par la mère Julie à Aix, furent non moins importants, et l'on peut dire qu'elle a été regrettée, car sa vie fut employée entièrement à l'éducation de la jeunesse, et au soulagement des pauvres et des malades. Elle est décédée à Aix le 23 avril 1891, à l'âge de 55 ans.

BOVÉRY (Jean), chanoine de la Collégiale d'Aix en juin 1715, procureur de 1717 à 1719.

BRACHET (Pierre-François), naquit à Annecy vers 1797, d'une famille originaire d'Alex (Haute-Savoie), et vint se fixer à Grésy-sur-Aix, vers 1830, où il avait acheté l'ancien château de la famille Carron, qui posséda le comté de Grésy (1).

Il doit être consigné parmi les notabilités d'Aix parce que, tout en résidant à Grésy, il a administré cette ville, avec sagesse et dévouement, en qualité de vice-syndic, puis de syndic et maire, de 1852 à 1861. Sa mémoire doit encore être chère aux habitants, parce qu'il fut un des plus notables bienfaiteurs de l'Hospice, et de plusieurs autres établissements de la ville. En qualité de président, ou de membre du conseil des Bains, du Casino, de l'Hospice, et de diverses autres adminis-

(1) Voir mon *Histoire de Grésy*, pages 85 à 93, 169, 218 à 221.

trations, il sut donner l'impulsion nécessaire à la fortune toujours croissante de la ville, mouvement qui devait, trente ans après lui, la transformer complètement.

En 1857, le roi Victor-Emmanuel, pour reconnaître ses bons et loyaux services, le créa chevalier de l'ordre royal des Saints-Maurice et Lazare. Il mourut, entouré de ses fils, à Grésy-sur-Aix, le 17 mai 1861, laissant un testament du 8 mars précédent, où l'on trouve des dispositions en faveur de l'église de Grésy, des écoles de cette commune, des pauvres, et un don généreux de 50,000 fr. à l'hospice de la Reine-Hortense, pour fonder des lits en faveur des malades pauvres et des baigneurs indigents.

BRACHET (Léon-Louis-Charles), né à Grésy-sur-Aix le 24 octobre 1840, fils du précédent. Après avoir fait ses premières études à Chambéry, il fut étudier la médecine à l'école de Montpellier, où il soutint avec succès sa thèse de docteur, le 26 août 1864. Elle a pour titre : *du rôle du parasite dans l'étiologie des maladies cutanées parasitaires.*

Ayant épousé environ deux mois après, Mlle Nelly Basile, il vint s'établir à Aix, où il n'a cessé de pratiquer son art pendant trente-trois ans, avec un succès bien connu. Par ses écrits, par ses voyages, par ses nombreuses relations à l'étranger, le docteur Brachet a largement contribué à attirer à Aix cette brillante société, qui vient chaque année admirer notre beau pays, et profiter de ses eaux thermales si renommées. A ce titre, on lui doit un souvenir reconnaissant, en attendant l'hôpital que l'on projette de faire et qui doit porter son nom.

Voici l'énoncé de ses titres et de ses ouvrages :

M. le docteur Brachet était membre des Sociétés de Médecine et de Chirurgie de Paris, de Genève et de

Montpellier, président de l'Association médicale de la Savoie. Il a été médecin de la Compagnie du chemin de fer P.-L.-M. et chargé du service de l'hospice d'Aix. Parmi les sociétés littéraires, il faisait partie de celle d'Histoire et d'Archéologie de Chambéry, et de l'Académie de Savoie, dont il fut membre correspondant, dès le 14 juin 1883.

Il était commandeur de l'ordre royal d'Isabelle-la-Catholique (avril 1881), chevalier de l'ordre de Charles III d'Espagne (février 1887), chevalier de la Légion d'honneur (14 juillet 1890).

Les ouvrages qu'il a publiés sont les suivants (1) :

1° *Le tétanos aux Eaux d'Aix*. Imp. à Chambéry, chez Puthod, en 1870;

2° *Traitement des blessés aux Eaux d'Aix*. Imp. à Paris, chez Chaix et Cie, en 1872;

3° *Aperçu clinique sur les Eaux d'Aix et de Marlioz (Savoie) et leurs adjuvants*. Imp. à Lyon, chez Pitrat aîné, en 1875;

4° *Observations de cachexie pachydermique améliorées par le traitement des Eaux d'Aix*. Lu au Congrès des Sociétés savantes savoisiennes le 25 septembre 1882;

5° *On Rheumatoïd arthris and its treatment at Aix-les-Bains*. London, 1885, Ballantyne press, in-4° de 32 pages;

6° *Traitement de la Phtisie par l'hygiène et le climat*. Conférences au Collège royal de Londres par le docteur Weber, médecin de l'hôpital allemand de Londres, traduit de l'anglais par le docteur Brachet, 1886;

7° *Mémoire* sur une mission faite en 1884 pour l'étude

(1) Voir les *Mémoires de la Société savoisienne d'histoire et d'archéologie*, tome XXVII, page 64, et aussi la *Bibliographie savoisienne*, page 91.

des eaux minérales de la Turquie d'Europe, de la Turquie d'Asie et de la Grèce (Extrait du tome XVI, année 1886, du *Recueil des travaux du Comité consultatif d'hygiène publique de France*). Paris, imp. nationale, 1887, in-8° de 17 pages;

8° *Éloge funèbre du docteur Davat,* prononcé sur sa tombe le 9 février 1891. Imp. à Aix, chez Gérente.

Le docteur Brachet est décédé le 25 septembre 1898, dans sa campagne d'Antoger, à Grésy-sur-Aix, âgé de cinquante-sept ans et onze mois. A l'exemple de son père, il prit longtemps part à l'administration municipale de la ville d'Aix (1874-1894), en qualité d'adjoint au maire, de celle du Cercle, dont il a été président, et de plusieurs autres administrations encore.

BREVARD (Pierre), chirurgien à Aix, inhumé dans cette ville le 30 mai 1735.

BRUN (noble Jean), fut châtelain de Maurienne en 1494 et 1499 (*Mémoires de la Société archéologique de Maurienne*, 2e série, tome 1er, page 60).

BRUN (Claude-Antoine), chanoine du Chapitre d'Aix, dès le 26 juin 1723; chantre en 1732, nommé desservant de la paroisse de Tresserve le 1er mai de la même année, pour trois ans. Il fut inhumé dans l'église d'Aix, le 30 décembre 1757.

BRUN (Georges), né à Aix-les-Bains le 8 janvier 1841. Il a publié : *Nouvelle Méthode d'analyse du soufre dans les eaux minérales sulfureuses. Essai sur les Eaux minérales d'Aix, Challes et Marlioz.* Imprimé à Aix, chez Gérente, en 1877.

BRUNET (Armand), chanoine du Chapitre

d'Aix, en 1683. Il fut nommé procureur le 25 juin 1688. Une année après, sur la présentation de la comtesse de Poitiers et du marquis de Coudrée d'Allinges, ayant droit au marquisat d'Aix (3-8 juin 1689), il fut élevé à la charge de trésorier du Chapitre. L'acte de mise en possession est du 25 avril 1691.

En 1707, le chanoine Brunet eut un différend avec le Chapitre, qui lui reprochait de porter des habits faits différemment que ceux des autres chanoines, de tenir des propos inconvenants et même injurieux contre eux jusque dans le chœur, les traitant de *bourrus* et de *brutaux*, ne craignant même pas, après cela, d'aller célébrer la messe, au grand scandale des assistants.

Le Chapitre, pour ces faits, le condamna à trois mois d'arrêt au séminaire de Grenoble, et lui donna huit jours pour se conformer au costume porté par les autres chanoines, sous peine de privation de chœur et d'interdit.

Pour se justifier au sujet de son costume, révérend Brunet avait soutenu que c'était la faute du doyen, qui lui avait pris le sien le lendemain de la Pentecôte 1705, « à la réserve du *chaperon moucheté* qui lui reste, parce- « qu'il en avait fait faire un doublé de taffetas cramoisi « pour imiter le doyen, qui en avait fait faire un de même, « pour se distinguer des chanoines, le sien n'étant pas « moucheté et garni tout au long d'hermine, au lieu de « taffetas cramoisi. »

Le chanoine Brunet mourut le 29 septembre 1713.

BRUNET (Louis), chirurgien, inhumé à Aix, le 10 juillet 1717, étant âgé de cinquante ans. Il avait épousé Jeanne Pernet, décédée le 30 juin 1753. Ils eurent une fille, baptisée du nom de Jeanne le 14 octobre 1701, qui eut pour parrain Claude Caron, comte de Cessens, et pour marraine Jeanne-Marie Caron de Cessens.

BRUYSET (Jean-Jacques). Il était chanoine régulier de l'abbaye de St-Antoine de Vienne, lorsqu'il se fit relever de ses vœux par une bulle du pape Benoît XIV, datée de Rome le 4 des calendes d'octobre 1753.

La même bulle l'autorise à se faire recevoir chanoine du Chapitre collégial d'Aix. Elle fut fulminée le 15 novembre suivant par révérend Charles Petit, docteur en théologie et *in utroque jure*, chanoine de la Sainte-Chapelle de Savoie, official et commissaire. En 1754, il fut nommé procureur du Chapitre pour une année. Il mourut le 20 vendémiaire, an III (11 novembre 1794), âgé de 85 ans.

BUGNET (Claude), chanoine du Chapitre d'Aix en 1599.

BUGNET (Antoine), chanoine du Chapitre d'Aix en 1626.

BUGNET (Henri), chanoine du Chapitre d'Aix en 1649 et 1660.

BUGNOT (Arthur), juge de paix à Aix depuis mai 1890. Président de la section du Club-Alpin français de cette ville. Chevalier de la Légion d'honneur.

BUISSON (Barthélemy), né à Aix, curé de Saint-Sulpice, près de Chambéry. Lorsque Monseigneur l'évêque de Grenoble vint faire sa visite pastorale dans cette paroisse, le 14 août 1729, révérend Buisson était âgé de 79 ans, et curé de Saint-Sulpice depuis cinquante ans.

BUISSON (Paul), né en 1827, juge de paix à Aix de l'année 1849 à 1858. Il est mort juge d'instruction à Thonon le 14 août 1872.

BURDEL (Philibert), docteur en théologie, curé de Grésy en Genevois de 1635 à 1645. Il fut nommé chanoine du Chapitre d'Aix, par les patrons de la Collégiale, le 20 mai 1662, et mis en possession de son canonicat le 17 juin suivant. L'année après, il devient vicaire général du doyen. Sépulturé dans l'église d'Aix en 1680, le 21 janvier.

BUTTET (Jean-Hyacinthe de), dit le chevalier de Tresserve, élu syndic d'Aix le 29 décembre 1782. Il émigra en 1793, laissant à Aix, malade, sa femme Jeanne Vignet. Il avait une maison de campagne et un domaine à Saint-Simon.

BYLANDT (Comte Charles-Malcolm-Ernest-Georges), envoyé extraordinaire et ministre plénipotentiaire de Sa Majesté la reine des Pays-Bas à Londres, mort à Aix-les-Bains le 3 septembre 1893, âgé de soixante-quinze ans.

CABIAS (Jean-Baptiste de), né à Vienne en Dauphiné (1), médecin à Aix, pendant plusieurs saisons, au commencement du XVIIe siècle.

Il a publié en 1623, à Lyon, le premier ouvrage qui ait été écrit spécialement sur les eaux thermales d'Aix : *les vertus merveilleuses des bains d'Aix en Savoye.* Ce précieux volume, réédité à Lyon, chez B. Vignieu, en 1688, et à Annecy, chez Humbert Fontaine, en 1702, était devenu si rare qu'on résolut de le rééditer de nouveau. Il a fourni en 1892, aux presses de M. Ducloz, de Moûtiers, l'occasion de nous donner un nouveau spécimen de son art, pour la reproduction des anciens ouvrages.

Cabias contribua beaucoup à faire connaître nos Eaux au XVIIe siècle, et l'on peut dire qu'elles avaient acquis, relativement, de son temps, une grande réputation dans les pays circonvoisins.

---

(1) Le docteur Guilland, dans sa *Biographie des Médecins de la Savoie*, dit qu'il était du Pont-Saint-Esprit en Val d'Aoste.

CANTON (Joseph), né à Moûtiers, chirurgien établi à Aix, dès 1793. Il eut une pratique très étendue et vivait encore en 1807. Il s'est suicidé, dit-on, à Aix, dans la maison Roissard. Avant lui la famille Canton n'était point inconnue dans cette ville, car, nous trouvons dans le compromis concernant l'affranchissement des communes, en 1779, un Pierre fils à feu Pierre Canton, né à Yvoire, en Chablais, et habitant á Aix.

CAPELLINI, architecte de la ville d'Aix vers 1780. Il avait épousé Marguerite Chapos, qui possédait une maison à Aix, où logèrent le prince et la princesse de Piémont dans l'été de 1786. Cette maison provenait du médecin Fleury dont nous parlerons.

CARRET (François), chanoine du Chapitre collégial d'Aix en 1637, procureur en 1650, inhumé dans l'église de cette ville le 8 mai 1670.

CASALIS (Henri), né à Cormeilles-en-Parisis, en 1840. Après avoir conquit son doctorat en médecine, auprès de la Faculté de Paris, en 1874, il fut inspecteur des eaux de Challes, près de Chambéry, de 1875 à 1880, et vint ensuite se fixer à Aix, en 1881, où il acquit une maison, rue Lamartine.

M. le docteur Casalis appartient à plusieurs sociétés médicales ou littéraires, et a été fait chevalier de la Légion d'honneur le 14 juillet 1891. Ayant donné ses soins, en septembre 1895, à Sa Majesté le roi des Belges, venu à Aix, il fut décoré de l'ordre royal de Léopold. Il a publié les ouvrages ci-après :

1o *Aix en Savoie, Marlioz, Challes et Saint-Simon*, étude médicale. Paris, imp. de G. Masson, 1882, gravures;

2o *Le traitement des goîtres;*

3° *L'eau de Challes et ses principales indications;*

4° *Quelques cas de rhinites observées à Challes;*

5° *Les travaux sur le rhumatisme et la goutte en 1884.* Imp. à Paris, en 1885, chez O. Doin, in-8° de 46 pages;

6° *Note sur l'hémi-rhumatisme.* Imp. à Paris, en 1887, chez O. Doin, in-8° de 16 pages.

CATELIN (Edmond-Eugène, vicomte de), né à Aix-en-Provence, commissaire spécial à Aix-les-Bains, de 1871 à 1875, auteur de plusieurs ouvrages (Voyez la *Bibliographie savoisienne).*

CAYN (Claude), d'une ancienne famille d'Aix (1), chanoine du Chapitre collégial de cette ville, en 1593 et 1596.

CESSENS (Louis-Maurice), né à Saint-Félix en 1826, reçu docteur en médecine à l'Université de Turin, le 22 juillet 1850. Il exerça d'abord la médecine à Chambéry, puis fut chargé du service médical de la gigantesque entreprise de la percée des Alpes. Les travaux étant terminés, il vint se fixer à Aix, où il est décédé le 22 septembre 1885, à l'âge de 59 ans. M. le docteur Cessens était chevalier de l'ordre royal des Saints-Maurice et Lazare.

CHABERT (Claude), chanoine du Chapitre d'Aix en 1518.

CHABOD (Jacques de), doyen du Chapitre d'Aix (Voyez l'*Histoire d'Aix-les-Bains*, tome I, page 505).

CHABOD (Balthazar-Jacques de), doyen du Chapitre d'Aix (Voyez l'*Histoire d'Aix*, tome I, page 506).

---

(1) Voir Foras. *Armorial*, 2, page 64.

CHABOD (Jean de), doyen du Chapitre d'Aix (Voyez l'*Histoire d'Aix-les-Bains,* tome I, page 505).

CHABOUD (Jean), né à Aix le 20 mars 1847, reçu docteur en médecine à l'Université de Paris en 1876, le 12 août, établi à Aix où il exerce l'art médical. Il a publié en 1894, une *Étude comparative sur les eaux minérales d'Aix, de Saint-Simon et d'Évian.*

CHAMBON (Jean-François), vicaire à Clarafond, puis curé de Mouxy pendant dix ans (1663-1673). Il échangea sa cure de Mouxy contre un canonicat du Chapitre d'Aix, avec révérend Guillaume de Crose, le 19 octobre 1673, et se fait mettre en possession le 1er décembre suivant. Il fut inhumé à Mouxy, dans la chapelle du Rosaire le 20 février 1704.

CHAPELLE (François), chirurgien à Aix, inhumé dans cette ville le 21 août 1755. Il avait épousé Claudine Rosset, le 14 juillet 1750.

CHAMBROUANT (Amédée de), prieur commendataire du prieuré de Sainte-Marie d'Aix. Il reconnait, dans un acte de septembre 1346, qu'il n'a pas en sa qualité de prieur le droit de présenter un religieux de son ordre, pour être nommé curé d'Aix, sans le consentement de l'évêque de Grenoble.

CHAPUIS (Georges), chanoine du Chapitre d'Aix le 10 mars 1700, nommé desservant de Trévignin le 25 juin 1718. Il est dit être le plus ancien des chanoines en 1746, et mourut au mois d'août 1750, après avoir été chanoine pendant plus de cinquante ans.

CHATILLON (Amédée de), premier commendataire du prieuré de Sainte-Marie d'Aix. Nous le trouvons ainsi qualifié dans une quittance de 400 florins d'or, passée le 24 août 1358 par le seigneur de Sonnaz, à Rodolphe, seigneur de Grésy.

CHATILLON (Jean de), prieur commendataire du même prieuré, en 1412 et 1415.

CHAZELLAN, notaire et bourgeois d'Aix en 1565.

CHENAL, chanoine du Chapitre d'Aix. Il fut nommé desservant de la paroisse de Tresserve le 22 mai 1709.

CHEVALLEY (Jean-Amédée), né en 1769, le 24 juin, agronome, propriétaire de la *Villa Chevalley*, sur l'emplacement de l'ancien château de Saint-Paul. Il fut avec M. François, l'introducteur de la charrue belge en Savoie, en 1819. En 1823, il fit un rapport sur l'usage de cette charrue, adressé à l'Académie de Savoie, dont il faisait partie en qualité de membre correspondant (1).

Il fit de nombreux essais agricoles, fonda une raffinerie de sucre à Montcallieri, près de Turin et mourut le 16 août 1831. Sa fille épousa M. Benoît Mollard (2), conseiller à la Cour d'appel de Chambéry; après elle, la *villa Chevalley* est échue à un neveu, M. Hector-Amédée Chevalley, établi en Piémont, qui la possède encore.

CHEVILLARD (Claude-Louis de), sénateur au souverain Sénat de Savoie, dès le 28 avril 1668, inhumé à Chambéry le 14 mars 1704.

La famille de Chevillard était d'Aix, où elle possédait

(1) *Mémoires de l'Académie de Savoie*, tome I, page 98.

(2) La biographie de Mollard Benoît, député au Parlement sarde, de 1849 à 1851, se trouve dans la *Revue savoisienne*, 1895, page 265.

le château de Marlioz. Elle s'est éteinte dans la maison Castagnery de Chateauneuf par le mariage d'Adélaïde-Séraphine-Victoire-Josephte de Chevillard (décédée le 7 mars 1830), avec le baron Joseph-Victor de Chateauneuf, décédé le 8 septembre 1835.

CHEVILLARD (Joseph-Emmanuel de), maréchal des logis dans la cavalerie de Savoie, mort le 13 décembre 1692. Il fut marié deux fois : 1° à Agnès de Charrière, le 21 décembre 1664; 2° à Philiberte, fille de Philibert de Mouxy de Pugny. Ce mariage fut célébré à Aix, le 7 janvier 1677.

CHEVILLARD (Jean-Claude de), fils du précédent, baptisé le 31 octobre 1668, avocat au souverain Sénat de Savoie, marié le 3 février 1688, à Thomasse Bovéry, laquelle fut inhumée dans l'église d'Aix, le 3 octobre 1718.

CHEVILLARD (Charles-Sylvestre de), fils du précédent, baptisé le 16 août 1692, propriétaire du château et de la terre de Marlioz, inhumé dans l'église d'Aix, devant les degrés de la grille du chœur, le 7 janvier 1770.

Il fut marié à Marie-Louise Laurent de la Faverges, qui vit encore à l'époque de la Terreur, ayant été portée sur la liste des suspects. Le 28 germinal an II (17 avril 94), elle présente au Conseil général de la ville d'Aix un arrêté du district de Chambéry, du 23 même mois, portant qu'elle doit rester en arrestation domiciliaire à Marlioz, sans garde, sous la surveillance et responsabilité de la municipalité d'Aix.

CHEVILLARD (Joseph-Victor de), fils du précédent, naquit au château de Marlioz le 21 février 1757.

Il débuta dans la belle carrière qu'il a parcourue par être nommé garde-marine volontaire, le 17 mars 1773. Il passa ensuite successivement par les divers grades inférieurs pour arriver à celui de commandant de la marine garde-côte de l'île de Sardaigne.

Les pirates africains faisaient alors beaucoup de mal à notre commerce, par la chasse qu'ils donnaient sur mer à nos vaisseaux, et par les incursions qu'ils faisaient sur nos côtes. Le commandant de Chevillard mit tous ses soins, pendant quelques années, à leur faire une guerre acharnée, et réussit plusieurs fois à leur faire d'importantes captures.

Ainsi, le 21 juillet 1790, après un brillant combat, il amena dans le port de Cagliari, aux applaudissements de toute la ville, trois bâtiments pris aux corsaires de Barbarie. Ayant saisi dans cette circonstance cinq drapeaux, il en offrit trois à l'église d'Aix et deux au roi Victor-Amédée III, qui voulut bien agréer, en même temps, un superbe sabre turc. Ce beau fait d'armes, qui amena la délivrance de nombreux esclaves chrétiens, valut à M. de Chevillard le grade de capitaine d'infanterie, la croix de l'ordre royal des Saints-Maurice et Lazare et une pension.

Deux ans après, étant à Villefranche, dans le comté de Nice, il prit part à la défense du pays, envahi par l'armée française. Après avoir contribué à la belle défense faite par la frégate *le Saint-Victor,* il cueillit de nouveaux lauriers à Oneille, et le long des côtes voisines, qu'il sut défendre avec l'intelligence et le courage dont il avait déjà donné plus d'une preuve en Sardaigne. Le grade de major fut la récompense de sa brillante conduite.

Le 3 janvier 1794, étant sur les côtes de la Ligurie, il attaqua avec une seule demi-galère *(La Bienheureuse-*

Marguerite), deux chabecs de dix-huit canons et quatorze pierriers chacun, commandés par Mohammed-Ziri, d'Alger. Après un combat sanglant, l'un des bâtiments ennemis fut capturés à l'abordage, et l'autre coulé à fond. Ce nouveau fait d'armes, si honorable pour notre compatriote, eut pour résultat encore la délivrance de plusieurs esclaves chrétiens, la prise d'un pavillon vert qui servait de drapeau de ralliement aux corsaires, et une importante cargaison de blé.

Après avoir fait si heureusement la chasse aux pirates, le major de Chevillard passa en Piémont, où il fut chargé de la défense des avant-postes de l'armée sarde, disposés dans le voisinage du col de Tende. Là, à la tête du bataillon des chasseurs de Nice, il sut encore donner des preuves de sa bravoure et de son active intelligence. En avril 1796, on le retrouve dans la vallée de Limon, organisant des milices, pour la défense du pays. Ayant conçu à cette époque un plan de campagne, pour chasser les Français du Piémont, il en fit part au baron Colli, général en chef de l'armée Austro-Sarde. Ce général, jugeant ce plan digne d'être examiné sérieusement, adressa le major de Chevillard au Roi, qui le reçut avec bienveillance, mais ne crut pas devoir adopter ses idées. Les funestes événements qui suivirent, prouvèrent néanmoins, qu'elles méritaient un examen plus sérieux (1).

Quelques mois plus tard, le Roi, voulant récompenser les services d'un si brave soldat, lui confia la levée et le commandement du nouveau régiment de troupes légères qu'il venait d'ordonner (Lettres patentes du 10 mai 1797).

Après la Révolution, le brave de Chevillard mit son épée au service de la France, sa nouvelle patrie, et fut

(1) Grillet. *Dictionnaire historique*, 3, page 463,

chargé de lever d'abord un bataillon de tirailleurs du Pô, puis de la levée et de l'organisation d'une légion, dite *du Midi,* dont il devint colonel (1803). Le 22 floréal an XIII (22 août 1805), Napoléon, étant au palais royal de Stupinis, voulut bien le recevoir et le féliciter sur ses brillants états de service. Peu de temps après, il lui remit lui-même, à Mantoue, la croix d'officier de la Légion d'honneur. Le colonel de Chevillard donna encore dans beaucoup d'occasions des preuves de sa bravoure et de ses talents militaires, notamment pendant la campagne d'Espagne, en 1808. Deux ans après, étant à l'île d'Aix, dans un état de santé délabré par les fatigues de la guerre, il demanda une retraite bien méritée par trente-trois ans de service et dix-neuf campagnes de terre et de mer.

Rentré dans sa patrie, nous le retrouvons d'abord honoré de la confiance de ses concitoyens, qui l'envoient siéger au Corps législatif, en qualité de député (2 mai 1809 à 1815), puis donner le concours intelligent de son activité à diverses administrations. En 1823, le Roi, à qui appartenait le droit de nommer le syndic de la ville d'Aix, le choisit pour remplir cet important emploi, dans lequel il fut installé officiellement le 5 février (1). C'est à ce sage administrateur que l'on doit la création du Cercle du Château, l'école des frères et de nombreuses améliorations dans les services municipaux.

L'estime que lui portaient le roi Charles-Félix, la reine Hortense, et d'autres grands personnages, facilitait ses entreprises et les œuvres de bienfaisance de la Ville, en attirant sur elles les générosités, les bienfaits de ces hôtes illustres. Le colonel de Chevillard occupa ce poste de confiance pendant dix ans. Ayant été reçu membre

(1) *Journal de Savoie*, numéro du 21 février 1823.

de l'Académie de Savoie, le 18 janvier 1824, il prit part aux travaux de cette Société, principalement en traitant des sujets agricoles, tels que : *Dessèchement des marais; Moyens de diminuer dans les campagnes la consommation des combustibles; Mesures à prendre pour augmenter les plantations d'arbres; Charrue belge, etc.*

En 1825, il fut décoré de la croix de commandeur de l'ordre royal et militaire de Savoie, distinction bien méritée par une carrière si bien remplie. Il mourut dans son château de Marlioz, le 15 septembre 1836, âgé de près de quatre-vingts ans, après avoir parcouru une vie presque toute consacrée au service de son Roi et de sa Patrie. Il a laissé un testament dans lequel on trouve un legs de 3.200 francs, en faveur du conseil de la Congrégation de charité de la ville d'Aix, dont le revenu est destiné aux pauvres, à concurrence d'un tiers aux vieillards pauvres de Marlioz (Délibération du 29 janvier 1844).

CHIRON (Alexandre), nommé chanoine du Chapitre d'Aix, le 15 août 1699. Le 13 novembre suivant, il est envoyé à Tresserve pour desservir cette paroisse. Il occupa par la suite la charge de procureur du Chapitre, de 1704 à 1708, de 1711 à 1712, de 1720 à 1722 et en 1731. En 1732, il cumule ces fonctions avec celles de trésorier.

Il fut inhumé dans l'église d'Aix, le 21 août 1746.

CHOLET ou CHOLLET (Hugues), bourgeois d'Aix au XVIe siècle. Il épousa probablement une Cayn, car sa fille Guillermine passe son contrat de mariage avec Claude-Henri More, avocat au Sénat de Savoie, le 5 septembre 1596, et il est dit dans cet acte que révérend Claude Cayn, chanoine d'Aix, oncle de la future épouse lui donne un augment de 500 florins.

CHOLLET (Jean), bourgeois d'Aix, marié à Jeanne Charrière. Il fait de nombreuses acquisitions d'immeubles à Aix, Puer et Saint-Innocent, de 1562 à 1575.

CHOLLET (Étienne), conseiller d'État de Son Altesse Royale, sénateur au souverain Sénat de Savoie en 1673, procureur général en 1675, mort vers 1681. Il fut le premier noble de sa race, aujourd'hui encore représentée par M. Clément Chollet, baron du Bourget, capitaine au 10e chasseurs à cheval, à Moulins.

CHOLET (François-Gaspard), de la même famille, doyen du Chapitre des chanoines d'Aix (Voyez l'*Histoire d'Aix-les-Bains*, tome I, page 515).

CLAVILLET (Guillaume), chanoine du Chapitre d'Aix en 1518.

CLÉMENT (Octave), de Saint-Lattier (Isère), nommé notaire à Aix par décret du 15 mars 1890, démissionnaire en faveur de M. Paul Humbert, en 1894.

CLERMONT (Joseph-François-Jérôme de), fils du marquis de Mont-Saint-Jean, doyen du Chapitre d'Aix (Voyez l'*Histoire d'Aix-les-Bains*, tome I, page 510).

COCHET (François), officier en retraite à Aix, de 1816 à 1835. Il est, cette année-là, âgé d'environ cinquante-six ans.

COLLOMB (Thomas), naquit à Rumilly, le 28 décembre 1769. A la fin de 1792, étant au grand séminaire d'Annecy, les événements l'obligèrent à quitter le pays. Il se rendit à Turin, où il acheva ses études et fut ordonné prêtre le 27 septembre 1793, par Monseigneur Paget. Comme on n'avait pas alors de poste à lui offrir, il se rendit à Asti, où il demeura trois ans, dans une honorable famille pour enseigner des enfants. En 1797, étant à Rumilly comme missionnaire, il fut arrêté et emprisonné à l'archevêché de Chambéry, mais s'évada le 14 septembre de la même année, avec d'autres prêtres détenus avec lui, en escaladant une fenêtre et un mur de clôture. Il erra ensuite dans le pays, en remplissant secrètement les fonctions ecclésiastiques.

Le culte étant rétabli, il fut successivement vicaire à Rumilly (1803), supérieur du petit séminaire de cette ville (1807), curé de Lornay, le 21 septembre 1809, curé de Ruffieux en mai 1811, et enfin, curé-archiprêtre d'Aix le 30 novembre 1818. Pendant les dix-sept années qu'il a passées dans cette ville, il fit beaucoup de bien et sut se rengre agréable à tous. Le 24 août 1835, ayant été nommé chanoine de la Métropole de Chambéry, il dut à regret quitter sa paroisse. Il mourut en cette ville, le 1er mars 1847, laissant un testament du 4 juin 1841, par lequel il institue héritier le petit séminaire de sa ville natale, en la personne de l'archevêque (1).

COLLONGE (Claude), chanoine de la Collégiale d'Aix en 1687, desservant de Tresserve et procureur du Chapitre en 1690 et 1696. Inhumé dans l'église d'Aix, le 24 septembre 1699.

COMBET (Anthelme), chanoine et chantre de la Collégiale d'Aix en 1703, procureur en 1711, inhumé dans l'église le 13 mars 1736. Le livre capitulaire contient un acte du 30 mai 1736, qui consigne en ces termes un don fait par ce chanoine au Chapitre :

« Le Chapitre assemblé, considérant le don de dix

(1) Voir le tome VII des *Documents publiés par l'Académie de Savoie*, page 560.

« louis d'or vieux donné de main en main par feu ré-
« vérend Combet à la sacristie du Chapitre, de même
« que son habit de chœur, haumuce et surplis, pour
« l'achat d'une croix d'argent, lequel achat a été fait,
« croit bien faire de consigner le souvenir de ce don
« dans son livre capitulaire, afin que la postérité garde
« la mémoire de sa piété, de son zèle et de la régularité
« de sa vie. Ce digne ecclésiastique qui nous a édifié
« pendant trente-quatre ans qu'il a été parmi nous, et
« dont nous fîmes la perte le vendredi-saint dernier, a
« donné de telles marques de sa soumission, de sa pré-
« sence d'esprit par les paroles touchantes qu'il adressait
« à Dieu, que nous avons la ferme espérance qu'il est
« en possession de la Bienheureuse Éternité. »

COMTE (Amédée), qualifié de noble et bourgeois d'Aix. Le 10 avril 1534, dans sa maison à Aix, de concert avec sa femme Benoîte Panin, il vend sous grâce de rachat, un pré de quatre seytérées, à Vimines, aux frères Arbareste d'Enguin, pour 27 florins (*Mémoires de la Société savoisienne d'histoire et d'archéologie*, t. XXXV, p. 59).

CONCHE (Pierre de la), notaire à Aix en 1536.

CORNATA (Pierre de), notaire à Aix en 1501.

COSTER (Pierre), chanoine de la Collégiale d'Aix en décembre 1691. Le 12 janvier suivant, il est nommé desservant de Saint-Sigismond, mais refuse de s'y rendre. Il est en conséquence privé de sa prébende qui est vendue le 1er juillet 1693, pour payer les dettes du Chapitre. Le 25 juin 1695, étant encore récalcitrant, le Chapitre donne douze vaisseaux de froment de sa prébende au chanoine Magnin, qui dessert Saint-Sigismond à sa place. Il mourut le 16 août 1699.

COZE (Vital), naquit à Sainte-Marie-aux-Mines (Haut-Rhin), le 17 mai 1845. Docteur en médecine de la Faculté de Strasbourg, en 1867. Médecin-major dans l'armée, il fut après la guerre (7 février 1871), nommé chevalier de la Légion d'honneur.

M. le docteur Coze, qui a l'honneur d'être le petit neveu de M. Michaud, de l'Académie française, auteur de l'*Histoire des Croisades*, s'est fixé à Aix-les-Bains depuis l'année 1891.

CROSE (Guillaume de la), docteur en théologie, chanoine de la Collégiale d'Aix dès février 1671. Il fut si peu assidu au chœur que le 14 janvier 1673, il fut cité par le Chapitre à comparaître devant lui, afin de tenir les promesses qu'il avait faites dans son acte de réception, faute de quoi sa place serait pourvue par le Chapitre. Par acte du 19 octobre suivant, il cède son canonicat à révérend Jean-François Chambon, curé de Mouxy, contre ce dernier poste.

CROSO (Claude de). Il est déjà chanoine du Chapitre d'Aix en mai 1660, époque où il habite le château de Longefan, à la Biolle, confié à sa garde par le propriétaire, messire Maurice de Seyssel, marquis d'Aix. Par acte du 15 juillet 1673, il cède son canonicat à révérend Renardel, contre la jouissance des chapelles de Notre-Dame de Consolation, en l'église de Leyrieux, de Notre-Dame de Pitié, en l'église de Yenne, et de Saint-Jean-Baptiste dans les petits cloîtres de la même église.

CROTEL (Claude), notaire à Aix en 1654 et 1670.

CURTILLET (Pierre), chanoine et trésorier du Chapitre de la Collégiale d'Aix. Il dessert la paroisse de Tresserve en 1609, et fut inhumé le 14 juillet 1625. La famille Curtillet était une des anciennes familles de la bourgeoisie d'Aix ; voici encore quelques-uns de ses membres.

CURTILLET (Jean, fils de Claude), baptisé le 5 septembre 1632, chirurgien à Aix et qualifié bourgeois de cette ville. Il est présent au dépôt du testament d'Emmanuelle-Philiberte de Novéry, femme de Jean de Mouxy de Loche, fait le 21 février 1664. Son mariage avec Anne Domenget fut célébré le 1er février 1667. Il vit encore en 1680.

CURTILLET (Jean), fils du précédent, chirurgien-major de la cavalerie de Savoie, baptisé le 10 mars 1672, inhumé le 9 février 1714.

CURTILLET (François), chirurgien-major de l'escadron de Savoie, en 1668 et 1684. Il est dit né dans la paroisse de Saint-Sigismond, près d'Aix.

CURTILLET (Joseph), baptisé le 21 août 1687, géomètre pour Sa Majesté deçà les Monts, marié en 1718, le 24 mai, à Isabeau de Butet de Tresserve, laquelle fut inhumée dans l'église d'Aix le 4 janvier 1755.

CURTILLET (Jean-Claude), notaire, bourgeois et châtelain de la ville d'Aix. Inhumé le 7 juin 1670.

CURTILLET (Claude), notaire à Aix en 1722. Il avait épousé, le 20 février 1700, Marie-Thérèse de la Balme.

CURTILLET (Claude), fils du précédent, baptisé le 16 octobre 1701. Il fut insinuateur de 1752 à sa mort. Inhumé le 11 mars 1780.

CURTILLET (Louis), chanoine de la Collégiale d'Aix en 1707. Le 7 mars de l'année suivante, le Chapitre l'exempte de ses six mois de rigueur (postulat), pour lui favoriser les moyens d'arriver à la prêtrise, mais il ne doit jouir de sa prébende que lorsqu'il aura la messe; en attendant il assistera au chœur. Cette faveur soulève quelques contestations entre les chanoines, lorsque révérend Curtillet étant prêtre, est entablé semainier, comme les autres, le 29 mai 1709. Il fallut une seconde ordonnance pour régulariser la situation. Le 21 mai 1710, il fut nommé desservant de Tresserve pour trois ans, puis successivement renommé au même poste jusqu'à sa mort, arrivée le 31 mars 1732. L'année précédente, le 20 avril, il avait été nommé promoteur du Chapitre.

CURTILLET (Joseph), baptisé le 27 décembre 1754, marié le 6 février 1780, à Marguerite, fille de Jean-Jacques Vignet. Il est conseiller de ville en 1789, membre du Conseil d'arrondissement en l'an XI, et vécut à Saint-Sigismond (Saint-Simon). Il laissa les deux fils ci-après.

CURTILLET (Hyacinthe), naquit à Aix en 1790, le 21 juillet. Il entra à l'école militaire de Fontainebleau en juillet 1807, devint sous-lieutenant au 24e léger, le 21 juin 1808; capitaine au 6e léger le 12 août 1812; fit les campagnes de Napoléon, de 1808 à 1815, reçut deux blessures, et fut fait chevalier de la Légion d'honneur. Il fut naturalisé français le 9 septembre 1818, époque où il fut mis en réforme. Il mourut en 1820, tué dans un duel (1).

CURTILLET (Jean-Baptiste), baptisé à Aix, le 12 mai 1793, juge de paix de cette ville de 1822 à 1846.

---

(1) *Mémoires de la Société savoisienne d'histoire et d'archéologie*, tome XVII, page 361.

DALPHIN (Jacques), notaire à Aix, en 1486 et 1518. Il se qualifie de bourgeois de la ville d'Aix et de commissaire d'extente de l'abbaye de Sainte-Marie de Sixt, le 23 novembre 1498, lorsqu'il reçoit la reconnaissance féodale de Pierre Reynaud de Balmes (Archives de M. Tavernier, juge de paix à Taninges).

DALPHIN. On trouve trois membres de cette famille qui furent chanoines du Chapitre d'Aix au seizième siècle : François, en avril 1518; Claude, en 1553, et Hugues en 1558.

DAMOT (Antoine-Aimonier), né à Aix, le 5 janvier 1852, ordonné prêtre le 10 juin 1876, nommé vicaire au Bourget le 12 août de la même année, à Ruffieux en 1877. Mort à Aix, chez ses parents, en 1881, le 26 juin.

DANDELOT (Pierre), chanoine du Chapitre d'Aix et desservant de la paroisse, en 1533.

DAQUIN (Joseph). Ce praticien distingué appartient à Aix par ses écrits, par l'étude toute particulière qu'il fit de ses eaux thermales et l'impulsion qu'il sut leur donner. Nous emprunterons donc à la biographie que lui a consacré le docteur Louis Guilland, quelques-uns des traits les plus saillants de cette existence laborieuse.

Il naquit à Chambéry le 14 janvier 1732, d'une ancienne et honorable famille de cette ville, fit ses premières études médicales à l'Université de Turin, dont il fut reçu docteur le 23 juin 1757, et les compléta ensuite à Montpellier et à Paris, dans les hôpitaux. Étant de retour à Chambéry, en 1762, il se voua avec ardeur à la pratique de la médecine, et conquit en peu de temps la confiance de ses compatriotes et une clientèle choisie.

En 1767, nous le trouvons médecin de l'Hôtel-Dieu, et de divers établissements publics. En 1773, il fait paraître son premier ouvrage important, dédié au Roi : *Analyse des eaux thermales d'Aix-en-Savoie.* Ce travail, le plus complet de ceux qui avaient été faits encore sur les eaux d'Aix, avait pour but, non seulement l'analyse et la pratique de ces eaux, mais encore d'attirer l'attention du gouvernement sur cette richesse délaissée, et que Daquin, avec son coup d'œil sûr, sentait devoir être une grande source de fortune pour le pays. Il eut bientôt la satisfaction de voir ses idées mises en pratique, car le nouvel Établissement Royal fut commencé en 1779, et achevé quatre ans après. Le roi Victor-Amédée avait voulu, du reste, pour honorer son incontestable capacité technique, qu'il fut du Comité chargé d'étudier les plans de cette utile construction.

En 1808, Daquin donna une deuxième édition de son livre sous ce titre : *Des eaux thermales d'Aix,* dans laquelle il fait justice de sa chimie, et de certaines parties de son livre qu'il avait reconnues défectueuses. Daquin publia par la suite divers ouvrages qui prouvent encore son érudition et sa profonde expérience de l'art médical (1). Ses études sur la folie, principalement, l'amenèrent à changer le traitement des aliénés, devançant en cela le célèbre Pinel, qui ne publia son *Traité sur la Manie*, que dix ans après la mise au jour de la *Philosophie de la folie*.

Il fut aussi administrateur et bibliothécaire de la ville de Chambéry, de 1792 à 1796, professeur d'histoire naturelle à l'école centrale du Mont-Blanc pendant les six ans que dura cette école, membre correspondant de l'Académie des sciences, belles-lettres et arts de Lyon, de la Société de médecine de Paris, de la Société d'agriculture de Turin et de celle de Savoie. Il mourut à Chambéry le 11 juillet 1815, âgé de quatre-vingt-trois ans.

DARBON, propriétaire et chef du service des bateaux à vapeur *les Parisiens*, au port de Puer, qui font le service du lac du Bourget.

DARDEL (Georges), d'une ancienne famille bourgeoise de la ville (2), né en 1740, marié en 1762, le 7 février, à Françoise Perret, syndic d'Aix en 1769 et 1775, inhumé le 17 décembre 1793.

DARDEL (Joseph), notaire, secrétaire du Conseil général de la ville d'Aix, dès le 30 mai 1793.

---

(1) On peut consulter Grillet, 2, page 167. — *La Savoie thermale*, 6e année, numéro 43. — Les *Mémoires de la Société savoisienne d'histoire et d'archéologie*, 2, page XXX. — *Les Gloires de la Savoie*, par Jules Philippe, page 172.

(2) Le châtelain Domenget, dans ses manuscrits, parle d'un Dardel, commis aux magasins de sel au Bourget, mort le 17 juillet 1648.

DARDEL (Georges-Antoine), docteur-médecin à Aix, en 1798.

DARDEL (Marie-François), né en 1765, religieux franciscain lorsque survint la Révolution. Il prêta d'abord le serment constitutionnel le 17 février 1793, fut créé curé *intru* de la Biolle, et prêta le serment d'Albitte. Dans l'espoir de le ramener à de meilleurs sentiments, dit le cardinal Billet (1), le père Eugène le fit un jour inviter secrètement à se rendre dans une maison écartée, à une heure déterminée. On assure que Dardel s'y rendit, mais avec deux gendarmes déguisés pour l'arrêter. Le père Eugène ayant heureusement été prévenu, ne donna pas dans cette embuscade.

DARDEL (Claude). M. Vernier, archiviste du département de la Savoie, a publié récemment l'*état des citoyens morts pour la patrie, et dont les noms doivent être inscrits sur la colonne départementale du Mont-Blanc, en exécution de l'arrêt des consuls, du 29 ventôse an VIII.* On y trouve : Dardel Claude, lieutenant des guides à pied, mort à la suite de blessures reçues au siège de Saint-Jean-d'Acre (Expédition d'Égypte).

DARDEL (Claude-Nicolas), né à Aix en 1769. Médecin d'abord dans sa ville natale. Prit du service comme chirurgien militaire dans les armées de la République en 1792. Il mourut en 1801, de la fièvre jaune, à Saint-Domingue, où il avait accompagné le général Leclerc.

DARDEL (Jacques), né à Aix en 1773, fut capitaine de fusiliers au 1er bataillon des volontaires du

---

(1). *Mémoires*, page 141.

Mont-Blanc, en l'an II. Il fut blessé en combattant courageusement à l'attaque de Peschiera, le 6 août 1796, et se retira du service à la fin de la campagne de l'année suivante. C'est sans doute ce même Dardel qui commande la garde nationale d'Aix en 1824.

DARDEL (Joseph), médecin et chirurgien à Aix, en 1823 et 1824.

DARDEL (Georges), médecin de l'Université de Turin, syndic d'Aix en 1835 et 1836, mort au mois de décembre 1844. De son mariage avec Mlle Thérèse Ginet, il eut :

DARDEL (Amédée), reçu docteur en médecine à l'Université de Turin, le 28 juillet 1854. Après s'être perfectionné dans les grandes cliniques de Lyon et de Paris, il vint professer la médecine à Aix, où il épousa Mlle Élisabeth Portier, fille d'un conseiller à la Cour d'appel de Savoie. Il a publié divers écrits :

1° *Étude sur l'inspectorat des eaux,* présenté en 1863 au Congrès scientifique tenu à Chambéry ;

2° *Lettre de Jean Bonhomme,* sur le rapport du docteur Pidoux à l'Académie de médecine (*Courrier des Alpes,* du 17 août 1866) ;

3° *Mélanges cliniques.* Imp. à Chambéry, chez Pouchet, en 1864 et 1869 ;

4° *La Syphilis aux eaux d'Aix,* publié dans le *Lyon médical* de 1863, page 128, et le journal du docteur Caffe, page 133.

5° *Fièvres pernicieuses à Aix.* Publié dans le journal du docteur Caffe, vol. XXX, page 260.

Outre ces publications, le docteur Dardel a laissé un certain nombre de poésies inédites qui attestent ses goûts littéraires. Il est très regrettable que ses talents aient été paralysés par une cruelle maladie, depuis 1868 environ, car certainement il aurait, sans cela, donné à la science médicale, et à la littérature, de nouveaux et intéressants produits. Il est mort dans sa villa (1) de Marlioz, le 15 octobre 1884, à l'âge de cinquante-quatre ans.

DARDEL (Jean), fils du précédent, médecin de la Faculté de Paris, exerçant à Aix depuis l'été de 1892.

DARDEL (Edouard), frère du précédent, est avocat à la Cour de Chambéry depuis 1894.

DARDEL (Alfred), né à Aix le 26 octobre 1825. Il entra de bonne heure dans l'ordre des religieux franciscains (capucins), où il fit profession le 28 octobre 1846. Ordonné prêtre, le 25 mars 1848, il fut tour à tour maître des novices, définiteur provincial, et gardien des couvents de Meylan (1860-1861), La Roche (1862-1863), etc.

Il était gardien du couvent d'Annecy, lorsque les religieux de ce couvent furent violemment expulsés, en 1881, par ordre du gouvernement. Le révérend père Edmond (c'est ainsi qu'il s'appelait en religion), fut alors envoyé aux îles Seychelles pour remplir les fonctions de coadjuteur de Monseigneur Ignace de Villafranca, de l'ordre de Saint-Bruno, évêque *in partibus* d'Améliopolis, vicaire apostolique des îles Seychelles. En janvier 1882, Monseigneur de Villafranca étant décédé, le père Edmond fut appelé à gérer son diocèse, comme simple coadjuteur. Plus tard, le Saint-Père, sur la proposition de la Propagande, le nomma vicaire apostolique des îles Seychelles, dans son audience du 28 juillet 1889. Il fut préconisé par le consistoire du 31 décembre de la même année, sous

(1) Le *Courrier des Alpes* du 26 octobre 1884 a donné sa biographie.

Dr DAVAT (Gaspard-Adolphe)
ancien Maire d'Aix

Hélioq. Dujardin

AIX-LES-BAINS, IMP. GÉRENTE.

le titre d'évêque de Zaïre. Il est décédé à Port-Victoria, dans l'île de Mahé (groupe des îles Seychelles), au mois d'avril 1890, peu de jours avant d'être sacré.

Monseigneur Dardel fut un homme lettré, un saint religieux, un prédicateur zélé et éloquent, et un sage administrateur, qui a passé sa vie à faire le bien.

DAVAT (François-Aimonier), pharmacien, fermier du bâtiment des bains d'Aix en 1806 et 1811. Il vit encore en 1824.

DAVAT (Gaspard-Adolphe-Aimonier), fils du précédent, né au Pont-Rouge, près d'Aix, le 4 décembre 1807, reçu docteur en médecine à l'Université de Turin, en 1834. Ayant d'abord fait un voyage en Amérique, il ne put s'installer à Aix que l'année suivante. Comme médecin, il eut la réputation d'un bon praticien, et d'un médecin dévoué à ses malades. Il visitait volontiers gratuitement les artisans et les cultivateurs du voisinage, par bonté de cœur et pour se rendre populaire.

Le docteur Davat a pris aussi une large part à l'administration de la ville, d'abord comme syndic (1849-1850), puis comme maire (1865-1870 — 1871-1873). On lui doit de grandes améliorations dans le service municipal, et des travaux d'une incontestable utilité. Comme conseiller divisionnaire en 1860, et conseiller général du département de la Savoie (1860-1866), comme président du Conseil d'administration du Cercle, et membre de diverses administrations, on peut dire qu'il a rendu de nombreux services à son pays.

M. Davat était membre de la Société littéraire de Lyon, de la Société de chirurgie de Paris, correspondant de l'Académie de Savoie, chevalier de la Légion d'honneur et de l'ordre royal des Saints-Maurice et Lazare. A tout cela, ajoutons encore qu'il fut capitaine des pompiers, médecin de l'hôpital de la Reine-Hortense, et inspecteur adjoint de l'Établissement thermal, et l'on verra que les honneurs ne lui firent pas défaut. M. Davat a formé, chez lui, une collection d'objets géologiques, d'inscriptions, de poteries, de bronzes et autres objets de l'époque gallo-romaine trouvés dans la ville et les environs, qu'il se plaisait à montrer aux étrangers et à ses amis, capables de l'apprécier. Il est décédé à Aix le 5 février 1891, et a été inhumé le 9, au milieu d'un grand concours de peuples (1).

Le docteur Davat a publié les notices ci-après (2) :

1o *Du traitement curatif des varices, par l'oblitération des veines, à l'aide d'un point de suture temporaire.* Imp. à Paris, en 1834, à la Librairie des sciences médicales;

2o *Blessure grave du diaphragme.* Publié dans les *Annales d'hygiène et de médecine légale.* Paris, 1837.

3o *Plaies d'armes à feu.* Thérapeutique thermale. (*Gazette des Hôpitaux*, 1841);

4o *Lignites du bassin d'Aix.* (*Bulletin de la Société géologique de France*, 1844);

5o *Notice sur les premiers temps des Allobroges.* Lue à la Société littéraire de Lyon, le 10 mars 1847;

6o *Physionomie politique de l'Allobrogie au temps de l'invasion romaine.* Lu à la Société littéraire de Lyon, le 14 avril 1847;

7o *Nouveau mode de traitement des fractures de la clavicule.* Publié dans *l'Union médicale* de Paris, 1849;

---

(1) Son éloge funèbre a été prononcé sur sa tombe par le docteur Brachet (*Avenir d'Aix-les-Bains*, numéro du 15 février 1891).

(2) On peut consulter à ce sujet les *Mémoires de la Société savoisienne d'histoire et d'archéologie*, tome XXVII, page 98.

8° *Nouveau mode de traitement de l'hydrocèle*. Publié dans la *Gazette médicale* de Paris, 1850;

9° *Des sources thermales*. Lu à la Société littéraire de Lyon, le 22 janvier 1851;

10° *Hautecombe*, poésie. Lue à la Société littéraire de Lyon, le 5 février 1851;

11° *De l'oxigénation*. Lu à la Société littéraire de Lyon, le 30 avril 1851;

12° *Environs d'Aix en Savoie*. Lu à la Société littéraire de Lyon, les 25 février et 5 mai 1852;

13° *De l'oblitération des veines* (*Archives de médecine*, Paris, 1853);

14° *Inscriptions antiques, Histoire thermale* (*Journal d'Aix*, 1853);

15° *Lettres* à M. François, ingénieur en chef des eaux thermales de France, sur les sources thermales d'Aix. Publiées dans la *Gazette des Hôpitaux* de Paris, 1855;

16° *De la valeur des eaux thermales d'Aix dans les maladies osseuses* (*Mémoires* de la Société de chirurgie de Paris, 1855);

17° *Compte-rendu des eaux d'Aix*, pendant l'année 1854. Imp. à Paris, chez Firmin-Didot, en 1855. In-8° de 31 pages;

18° *Considérations littéraires et géographiques sur l'organisation humaine de la taille*. Lu à la Société littéraire de Lyon, le 24 mars 1858;

19° *Actualité : France, Piémont, Savoie*. Imp. à Aix, chez Bachet, le 5 mars 1860. In-8° de 24 pages;

20° *Hygiène de la ville thermale d'Aix*. Imp. à Chambéry, chez Bottero, en 1862. In-8° de 32 pages;

21° *Notes sur les questions à l'ordre du jour du Conseil municipal d'Aix*. Imp. à Aix, chez Bachet, en 1865; in-8° de 8 pages;

22° *Règlement des services municipaux*. Imp. à Aix, chez Bachet, en 1866. In-8° de 8 pages;

23° *Établissement thermal d'Aix, question d'intérêt public*. Imp. à Paris, chez Plon, en 1878. In-8°, 28 pages.

Le docteur Davat, de son union avec Mlle Louise Gourd, de Lyon, a laissé deux fils : Marie-François-Alexis et Adrien. Ce dernier a épousé le 24 février 1886, Mlle Marie-Hélène Paturle, de Lyon.

DEGALLION (Jean-Louis), notaire et bourgeois de Rumilly en 1720, lorsque par acte du 21 février, les marquis d'Allinges et d'Aix lui confient la rénovation de leurs rentes du marquisat d'Aix. Il était aussi commissaire d'extentes, et parait être le premier de sa famille qui vint se fixer à Aix, où il fut inhumé en 1730, le 17 décembre. Françoise Laplace, sa femme, se remaria le 12 janvier 1740 au chirurgien Claude Frumy (1).

DEGALLION (Jacques), garde du corps de Sa Majesté à Turin, en 1789. Il est cité, le 28 janvier de la même année, dans le testament de Marie-Marc-Antoine de Mouxy de Planchamp. Dans un acte du 17 janvier 1765, il est dit oncle de Jacques-Prosper Dégaillon.

DEGALLION (Jacques-Prosper), fils de Jean-Louis, baptisé à Aix le 24 janvier 1724. Il est syndic de la ville en 1767 et 1772. Il épousa, en 1750, Anne Dupraz, et vit encore en 1780.

---

(1) On trouve un Jacques Dégallion, orfèvre à Annecy, de 1616 à 1635. La famille Degallion possédait autrefois des biens à Mionnaz (Haute-Savoie). Un des membres de cette famille y habitait en 1780.

Nicolas Degallion était un des trois syndics de Rumilly en 1430. (Grillet, *Dictionnaire historique*, 3, page 237).

Un Joseph de Gallion, contrôleur de la Trésorerie générale de Savoie, est inhumé dans l'église de Saint-François, à Chambéry, le 14 octobre 1763, âgé de 76 ans.

DEGALLION (Joseph), quartier-maître au régiment de Chablais, présent, en 1750, au mariage de son neveu Jacques-Prosper. Il fut lui-même marié à Catherine Gaillard.

DEGALLION (Jacques-Prosper), bourgeois de Chambéry, quartier-maître au régiment de Chablais, maire d'Aix pendant le règne de la Terreur, marié le 25 janvier 1750 à Marianne Vignet, dont il eut une dizaine d'enfants. En voici cinq :

DEGALLION (Joseph), baptisé le 27 avril 1752, notaire à Chambéry où il fut inhumé le 1er floréal an II, à 42 ans. Il fut marié à Jacqueline Gariod, dont il eut trois enfants.

DEGALLION (Marc-Antoine), baptisé en 1754, le 25 avril, religieux au monastère de Haute-Combe de 1773 à 1792. Il émigra et revint plus tard évangéliser ses compatriotes. Il est mort le 15 juin 1827.

DEGALLION (Joseph), dit l'Aîné, né le 24 mars 1763, avoué au Tribunal du district de Chambéry en 1793 et 1794. Peut être le même que ce Joseph Degallion qui est syndic d'Aix de 1816 à 1821.

Il y eut encore un autre Joseph Degallion, dit Gaëtan, né en 1800, syndic d'Aix de 1833 à 1835, marié à Catherine Perrière, mort sans postérité avant 1846.

DEGALLION (Antoine-Thérèse). Il fut garde du corps de Sa Majesté dès 1782 environ, émigra à l'époque de la Révolution, et mourut à Aix après 1824. Il avait épousé, le 16 décembre 1798, Marie-Louise Forestier, qui vivait encore en 1851.

DEGALLION (Lazare), baptisé le 20 septembre

1757. Il fut aussi archer du Roi et garde du corps, de 1789 à 1793, et porté sur la liste des émigrés.

DEGALLION (Charles-Étienne), baptisé le 27 décembre 1764, ordonné prêtre en 1788, religieux cordelier en 1792 et 1802 à Chambéry, curé de Traize le 17 novembre 1807, mort en janvier 1827.

DEGALLION (Jacques-Prosper), fils de Joseph, notaire, et de Jaqueline Gariod, naquit à Chambéry. Il fut receveur des douanes au Pont-de-Beauvoisin, puis nommé percepteur à Aix, en mai 1819. Ayant été retraité, par décret royal du 23 juin 1852, après de longs et loyaux services, il prit encore part, comme maire d'Aix (1861-1862), à l'administration municipale, et donna son excellent concours à celle du Cercle et de l'Hôpital. Il fut décoré de la croix de la Légion d'honneur, et mourut à Aix en 1862, dans un âge fort avancé (1). Il fut marié à Marie Mermoz, décédée à Aix le 29 septembre 1877.

DEGALLION (Barthélemy). Il exerça la profession de notaire à Aix, jusqu'en 1868 environ. Il prit ensuite part aux diverses administrations de la ville, et rendit de nombreux services à ses compatriotes. Comme conseiller général du canton, de 1871 à 1874, il a représenté dignement son pays. De son mariage avec Mademoiselle Adèle Suchet, il n'a laissé qu'une fille mariée au docteur Francis Bertier. La famille Degallion, qui a

(1) Un article nécrologique lui a été consacré, dans le *Courrier des Alpes*, du 23 décembre 1862. — On trouve dans les *Mémoires de la Société savoisienne d'histoire et d'archéologie*, un Catherin-Barthélemy Degallion, né le 13 décembre 1791, à Chambéry, receveur des douanes à Montaret (Isère), qui se fit naturaliser français, le 15 mai 1816. Serait-ce le même ?

compté pendant plus d'un siècle parmi les familles les plus honorables et les plus notables d'Aix, est aujourd'hui éteinte.

DELABAYE ou DELABEYE. Cette famille, originaire de Traize, semble s'être établie à Aix vers le milieu du siècle dernier. Aynard Delabaye, de Meyrieux, après avoir vécu plus de trente ans à Lyon, vint se fixer à Aix, où il fut inhumé le 18 mai 1774. Trois religieux du couvent de Saint-Dominique, de Chambéry, paraissent aussi appartenir à la même famille, ce sont :

1° *Antoine*, qui prend l'habit le 18 février 1703;

2° *Jean-Baptiste*, qui fait profession en 1713 et vit encore en 1756;

3° *Prudent*, qui est prieur du couvent en 1789 (1).

DELABAYE (Hyacinthe), fils de Jacques, né à Traize, chanoine du Chapitre d'Aix, en 1782.

Le 12 juin 1784, J.-J. Vignet, notaire, il achète de Louis, feu Me François Rabut, une maison située à Aix, près de la fontaine d'alun, avec les jardins y attenant, numéros 321, 327, 328, et partie de 319 et 329 de la mappe d'Aix, pour le prix de six mille livres.

Il est âgé de quarante-un ans lorsqu'il prête le serment constitutionnel dans l'église d'Aix, le 24 février 1793. « Le 15 pluviôse an II (3 février 1794), le citoyen Dela- « baye Hyacinte, ci-devant prêtre, présente au Conseil « de la ville une déclaration où il dit abjurer les mœurs « de son ancien état *(sic)* et remettre sur le bureau ses « lettres de prêtrise, et demande qu'on authentique cette

(1) En février 1832, mourut à Chambéry Jacques Delabaye, sénateur honoraire, lieutenant juge-maje au Tribunal de cette ville, en retraite. Il avait été juge criminel de Chambéry sous l'empire, puis président du Tribunal de première instance.

« démission. Le Conseil accueille avec enthousiasme la « première offrande patriotique de ce genre qui lui ait « été faite, offrande qui lui annonce la destruction pro- « chaine du fanatisme, et le triomphe de la Raison et de « la Philosophie, arrête que ces brevets du mensonge, « de la servitude et de l'erreur, seront transmis à l'admi- « nistration du district ainsi que la pétition du dit Dela- « baye. » Selon les *Mémoires* du cardinal Billet, ce chanoine apostat se maria civilement le 8 avril 1806, avec Jeanne Choseland, de Trévignin, dont il eut des enfants. En effet, on trouve un *Louis* Delabaye, propriétaire à Aix en 1824, et *Joseph*, capitaine des pompiers de 1837 à 1848, qui naquirent probablement de cette union.

DELAUNAY (Georges-Émile), romancier, né à Paris, le 15 septembre 1830. Après avoir accompli son service militaire au 30e de ligne, il abandonna cette carrière, entra à la Bibliothèque Nationale, et devint plus tard journaliste.

M. Delaunay est secrétaire de la rédaction de *l'Avenir d'Aix-les-Bains* depuis une dizaine d'années et écrit d'une plume autorisée la chronique mondaine et théâtrale de ce journal. En de nombreux articles et poésies, il a vanté les beautés de notre pays. Précédemment, il avait été rédacteur au *Monde élégant*, à *la Vie Mondaine* et à *l'Écho de la Méditerranée*.

Outre un recueil de vers qu'il fit paraître pour ses débuts dans les lettres : *Illusions et réalités*, et quelques petites pièces de Salon jouées au théâtre Déjazet, on lui doit : *Promenade à Pompéï*, étude; *Staouëli; Ménaka*, étude sur l'Inde; *le Banquet de la Vie* (1872-1873); *Marie de Sancenay* (1874); *Mademoiselle France; Le Retour; Le Trappiste; Zohra*, romans; *Nouvelles* (1885); *Aréthuse; Le Soir; Hellénie*, etc.; *Le Psautier* et le *Livre d'heures*, vendus au bénéfice de la construction de la Nouvelle Église d'Aix; *En Italie,* etc., etc.

M. Delaunay est officier d'académie, commandeur du Nicham de Tunis, chevalier de l'ordre d'Isabelle-la-Catholique, du Cambodge, du Medjidié, du Vénézuela, etc. Il a été membre du comité de la Société des Gens de lettres.

DEMEAUX (Marc-Antoine), fils d'un ancien employé des douanes, né à la Tour-du-Pin en 1831. Après avoir été reçu interne des hôpitaux de Lyon, il exerça la médecine à Paris jusqu'en 1865. A cette époque, il revint au pays natal, puis s'établit à Aix en 1872, en faisant bâtir une villa dans l'avenue Victoria.

Comme la plupart des médecins étrangers, il professait la médecine thermale à Aix en été, puis passait l'hiver à Lyon, ou dans les stations méridionales fréquentées par les malades. Il est décédé à Aix, le 13 août 1887, à l'âge de cinquante-six ans (1). On a de lui une brochure ayant pour titre : *Observations cliniques.... et réflexions sur les eaux d'Aix en Savoie* (Publiée dans le *Lyon médical,* numéros des 2, 9 et 16 juillet 1876).

DEMOLINE (Jacques), né à Chambéry le 6 mai 1749. Le 6 février 1768, le marquis d'Aix le nomme chanoine du Chapitre de cette ville, et c'est en vertu de cette nomination que le titulaire adresse le 23 du même mois une requête au doyen pour être institué, mais le Chapitre refuse de le recevoir n'ayant pas l'âge canonique et les grades ecclésiastiques voulus. Il n'était, en effet, alors, que clerc tonsuré; il dût donc poursuivre ses études au grand séminaire de Grenoble, et ce ne fut qu'en 1772

(1) *L'Avenir d'Aix-les-Bains* a donné un article nécrologique sur ce médecin le 18 août 1887.

qu'il fut ordonné prêtre. La même année, le 10 septembre, le marquis d'Aix, qui le protégeait, le fit nommer trésorier du Chapitre. Il est institué dans cette charge par le doyen, le 13 du même mois, et mis en possession le lendemain. Le 24 février 1793, il prêta le serment constitutionnel dans l'église d'Aix, et se soumit aussi à celui d'Albitte, mais se rétracta le 24 février 1803. Il mourut en 1809, le 29 avril.

DEMOLINE (Marc-Antoine), chanoine du Chapitre d'Aix en 1789. Dans la liste des émigrés et absents de la commune, dressée par la municipalité d'Aix, le 3 frimaire an II, le chanoine Demoline est indiqué comme prêtre émigré, n'ayant voulu prêter aucun des deux serments, constitutionnel et d'Albitte. En vertu d'un arrêté du district de Chambéry, du 4 novembre 1793, ses biens meubles et effets sont mis sous séquestre.

DÉROUGE (Joseph), économe de l'Hospice de la Reine-Hortense depuis environ vingt-cinq ans.

DESMAISONS (Joseph-Bernard), docteur en médecine à Aix et à Chambéry, en 1764 et 1785. Il a laissé de son mariage avec Marie Guichon :

DESMAISONS (Jean-Jacques), né en 1763, le 30 avril. Il fut reçu docteur en médecine de l'Université de Turin le 15 juin 1782, et fut ensuite à Paris exercer l'art médical pendant quelques années. Etant revenu à Chambéry, auprès de son père, celui-ci se l'associa dans le service des épidémies, pour lequel il était commissionné. En 1789, il est médecin de l'hôpital militaire et des princes à Chambéry, puis il remplace, en 1799, comme médecin-inspecteur des eaux d'Aix, le docteur Despine. Le docteur Socquet parlant de ce choix fait ainsi l'éloge de son confrère (1) : « Ce médecin avanta-« geusement connu, par une pratique heureuse et une « expérience longue dans l'art difficile et pénible de « guérir, joint à une infatigable activité tout ce que l'ur-« banité des mœurs, la douceur et la franchise du carac-« tère, l'aisance et la noblesse des procédés, peuvent « ajouter aux charmes des vertus sociales. Il était dificile « de choisir un homme qui put, mieux que lui, par ses « moyens et ses qualités personnelles, adoucir les justes « regrets laissés par la retraite volontaire du respectable « et savant docteur Despine, auquel il vient de succéder. »

En 1816, M. le docteur Despine étant rentré dans ses fonctions de directeur des bains, M. le docteur Desmaisons se consacra entièrement au service de l'hôpital civil de Chambéry, qu'il conserva jusqu'à sa mort. Par patentes du 22 mai 1830, le Roi lui conféra le titre de directeur honoraire des thermes d'Aix, et il mourut le 5 janvier 1832 (2). Il habitait à Aix l'ancienne maison Perret, entre la place Carnot et la rue Daquin. De son mariage avec Antoinette-Suzette, fille de François Roux, receveur de l'enregistrement à Annecy, il eut deux fils : l'un, médecin à Paris, où il est mort; l'autre, qui est le sujet de l'article suivant.

DESMAISONS (le baron), fut chef des interprètes au ministère des affaires étrangères à Saint-Pétersbourg, et attaché à la personne de l'empereur de Russie, en qualité de conseiller privé. Ce personnage mériterait une biographie bien plus étendue, car ce fut un savant de premier ordre : il parlait presque toutes les langues de l'Europe. Il avait pris sa retraite depuis environ une

(1) *Analyse des Eaux thermales d'Aix*, page 77.

(2) *Journal de Savoie*, 1832, page 17.

année, après un séjour laborieux d'environ cinquante ans, tant en Orient qu'en Russie, quand il mourut à Aix-les-Bains, le 6 septembre 1873, à l'âge de 68 ans.

Il a publié, traduit et annoté : 1° *l'Histoire des Mogols et des Tartares,* par Aboul-Ghâzi Behadour-Kan ; 2° *Lettre à M. Fraehn sur le manuscrit de l'arbre généalogique des Turcs,* par Aboul-Ghâzi, envoyée par M. Dahl, et annotée par M. Desmaisons (1).

DESPIERRE (Jean-Baptiste), signe pour la première fois au registre capitulaire de la Collégiale d'Aix, en qualité de chanoine, le 25 juin 1725, et il est dit qu'il a alors quatre mois et six jours de résidence, ce qui reporte la mise en possession de son canonicat au 19 février précédent. Il fut inhumé dans l'église d'Aix le 17 février 1748.

DESPINE. Cette famille, dont le nom s'écrit aussi *d'Espine,* est originaire de la petite ville du Châtelard, dans la vallée des Bauges, où elle était déjà honorablement connue au XVe siècle. Elle reçut le titre de Baron, en la personne de Jean-Baptiste Despine, Secrétaire d'État, Ministre résidant à Genève (1782-1793), pour Sa Majesté le roi de Sardaigne, mort à Annecy en 1794 (2). Les diverses branches formées par cette famille ont produit des hommes remarquables par leurs talents, leurs écrits et les services qu'ils ont rendus à leur pays, et à la monarchie savoisienne. Nous regrettons que le cadre de cet

---

(1) Le docteur Charles Raymond, professeur à l'Université de Turin, est son petit-fils. Voir *La Savoie thermale,* numéro 43, de l'année 1876.

(2) Les armoiries de cette famille sont : *de gueules au chevron d'or, accompagné de trois roses d'argent, dont deux en chef et une en pointe.* Devise : *Non sine spinis.*

ouvrage nous oblige à ne parler que de ceux qui appartiennent à la ville d'Aix; mais on peut consulter, au sujet de cette ancienne famille, l'*Histoire des Bauges*, par M. l'abbé Morand, secrétaire de l'Académie de Savoie, et d'autres auteurs encore.

DESPINE (Joseph), né au Châtelard en 1735, de Claude-François Despine et de Jeanne Charrot. Après avoir fait ses premières études au collège de Chambéry, il prit avec un succès remarqué ses grades à l'Université de Turin, et fut reçu docteur en médecine le 30 juin 1769. Le mariage qu'il contracta peu d'années après, avec Mademoiselle Constance Burdin, le fixa à Annecy, où il se mit à exercer la médecine.

En 1776, le célèbre médecin anglais Jenner venait de découvrir la vaccine, et cherchait à la propager. Le roi Victor-Amédée III, empressé de doter ses États de cette précieuse découverte, se hâta d'envoyer un médecin dans les pays où elle se pratiquait déjà pour l'étudier. Il jeta les yeux pour cela sur le jeune docteur Despine, que ses talents de praticien et son esprit observateur, avaient déjà signalé à l'attention des hommes les plus distingués en Savoie.

Le docteur Despine partit donc, aux frais du gouvernement, étudiant la vaccine d'abord à Paris, puis à Rouen, où il fut un des élèves du célèbre chirurgien Lecat. Mais à cette époque, la France recevait le mot d'ordre de l'Angleterre, de l'Écosse et de la Hollande : Joseph Despine se rendit donc dans ces pays, et y travailla avec succès. A Edimbourg, il reçut les précieuses leçons du professeur Cullen, et à Leyde celles du docteur Albinus, l'un des anatomistes les plus renommés de son temps. Il revint ensuite à Turin, rendre compte au Roi de sa mission, par un rapport contenant le détail de ses observations, concluant en faveur de la vaccine. Le Roi, très satisfait de ce rapport, le fut aussi des expériences publiques d'inoculations varioliques, qu'il fit faire par son ordre, pendant quelques semaines sur un certain nombre de sujets âgés de moins de seize ans. Bien plus, afin de combattre les préjugés et les répugnances du peuple pour cette innovation, le Roi, la Reine et toute la Cour se firent alors vacciner par le docteur Despine. C'est à cette occasion que cet éminent praticien fut nommé médecin honoraire du Roi et de la famille royale (lettres-patentes du 7 octobre 1783), et que l'Académie des Sciences de Turin, le 20 novembre suivant, voulut se l'attacher en qualité de membre correspondant. Peu de temps après, sa réputation s'étant étendue dans le monde scientifique, il fut reçu dans d'autres sociétés savantes, telles que celles de Lyon, d'Edimbourg, etc.

On venait alors d'achever le bâtiment royal des bains d'Aix, mais tout restait à faire au point de vue de l'installation du service des eaux. Le docteur Despine, que son mérite personnel recommandait pour cela, fut nommé médecin-directeur de cet établissement, par lettres-patentes du 16 février 1787. L'on ne pouvait faire un meilleur choix, car, cet habile médecin avait soigneusement étudié l'application des eaux thermales, dans les pays qu'il avait parcouru, particulièrement à Aix-la-Chapelle. Nous avons vu comment il sut installer ses divers services, entr'autres celui de la douche avec massage, et le succès qu'il obtint. Cette époque marque le point de départ de la véritable renaissance de nos eaux thermales, et à ce titre Aix doit religieusement conserver la mémoire de celui qui contribua d'une façon si intelligente à les appliquer et à les faire connaître.

La Révolution, et par suite l'émigration, enraya pour un temps l'heureuse impulsion donnée par le roi Victor-Amédée III. Pour remédier à ce délaissement de nos eaux, le gouvernement français crut bien faire de les affermer, mais le résultat fut presque négatif. Le nouvel ordre de chose, incompatible avec les idées pratiques du docteur Despine, demeuré fidèle à la Maison de Savoie, amena son remplacement par le docteur Desmaisons, en 1799.

En 1812, il acheta des héritiers du sieur Grosjean, dit Lacroix, la maison située sur la place Carnot, près de l'église, qui est encore la propriété de son arrière petit-fils, le baron Alphonse Despine, et se fixa définitivement à Aix. En 1816, le roi Victor-Emmanuel Ier étant venu faire un séjour en Savoie, le docteur Despine, rentré dans ses fonctions de directeur des Bains, s'occupa avec Sa Majesté des diverses améliorations à introduire dans les thermes, et amena le gouvernement à ordonner divers travaux, et à créer une commission administrative.

Le docteur Despine continua ensuite à remplir ses fonctions de directeur avec zèle et activité, jusqu'à la fin de sa longue et laborieuse existence. Durant la saison des bains, il séjournait à Aix, le reste de l'année il exerçait encore la médecine à Annecy. C'est là qu'il mourut dans la nuit du 26 au 27 avril 1830, âgé de quatre-vingt-quinze ans. Il a publié :

1o *Une lettre adressée au docteur Daquin,* sur les eaux de la Boisse, en 1777;

2o *Un Mémoire sur l'usage et les vertus des eaux d'Aix* (1).

---

(1) Imprimé dans le numéro 4, du *Recueil des actes de la Société de santé de Lyon*, depuis l'an VI à l'an IX, 5e année.

En outre, comme proto-médecin de la province de Genevois, il a publié divers mémoires et rapports sur les épidémies. Le Bulletin de la Société florimontane d'Annecy contient aussi une longue série d'observations météorologiques faites par lui.

DESPINE (Charles-Humbert-Antoine), fils du précédent, né à Annecy en 1777. Après avoir fait ses premières études médicales sous l'habile direction de son père, il fut les achever à l'école de médecine de Montpellier, où il soutint, en 1805, pour obtenir le grade de docteur, une thèse ayant pour titre : *Essai sur la topographie médicale d'Aix en Savoie et sur ses eaux minérales* (1). C'était plus qu'une thèse, c'était un traité savamment écrit, aussi l'ouvrage fit-il sensation, et valut-il à son auteur des témoignages précieux d'admiration. Pour ne citer qu'un fait, le Conseil municipal d'Aix s'assembla, le 25 pluviôse an x (24 février 1802), sous la présidence de M. Fleury, maire, et prit une délibération pour adresser au jeune docteur ses félicitations (2). Celui-ci ne se laissa pas éblouir par ce premier succès, il se rendit à Paris pour suivre des cours spéciaux de médecine et de chirurgie, et devint membre de la Société *d'Instruction médicale,* dont les conférences avaient lieu à l'Hospice de la Charité.

Rentré en Savoie, il fut vers la fin de l'Empire, maire d'Annecy, et rendit des services signalés aux habitants de cette ville, par sa prudente conduite administrative, au moment de l'invasion autrichienne. C'est à cette

(1) Imp. à Montpellier, chez Isar et Ricard. In-4° de 117 pages.

(2) Il fut reçu membre correspondant de l'Académie des Sciences de Turin, le 11 pluviôse an xi (31 janvier 1803).

époque (1814-1815), qu'il reçut du roi Louis XVIII, en récompense de ses services médicaux et administratifs, la croix de la Légion d'honneur.

Peu de temps après, par patentes royales du 14 janvier 1817, il fut nommé directeur adjoint des eaux d'Aix. Dès lors, il prit une part plus active dans l'exécution des moyens employés par son père, afin d'augmenter la prospérité des Bains, et introduisit dans l'établissement des perfectionnements et des appareils nouveaux. Son père étant décédé, il fut appelé à le remplacer comme médecin-directeur des Bains, par lettres-patentes du 22 mai 1830, et continua l'œuvre de progrès commencée par son prédécesseur. On lui doit l'introduction dans l'usage des douches, de la source d'alun, jusqu'alors presque délaissée, et diverses innovations heureusement pratiquées depuis lors. Il mit aussi tous ses soins à former le personnel des Bains, qui a conservé les bonnes traditions de son habile enseignement. Si les doucheurs d'Aix sont aujourd'hui les plus habiles de toutes les stations balnéaires, c'est en grande partie au docteur Antoine Despine que le mérite en revient. Il avait beaucoup de sollicitude pour ses employés et avait même créé pour eux une caisse de retraite, aussi en était-il aimé et respecté.

En même temps, sa réputation de praticien habile et distingué grandissait, et les sociétés savantes tenaient à honneur de l'associer à leurs travaux. Il était déjà membre de la Société des sciences physiques, chimiques, agricoles et industrielles de Paris, lorsqu'en mars 1835, il fut reçu correspondant de l'Académie royale de la même ville. Par la suite, il devint encore membre des sociétés savantes de Turin, Amsterdam, Louvain, Arras, et de l'Académie royale de Savoie. Il compléta la bellé collection de médailles que son père avait commencée, et ensuite, avec un désintéressement qui honore son patriotisme, il en fit don au musée d'Annecy.

Son étude de prédilection était celle des affections nerveuses. En 1838, il publia sur cette matière un volume intitulé : *Observations de médecine pratique faites aux Bains d'Aix;* il se proposait de continuer cet ouvrage, lorsque la mort vint l'en empêcher. Son oncle paternel, le baron Jean-Baptiste Despine, secrétaire d'État, l'avait, avant de mourir, adopté pour son fils, et lui avait laissé sa fortune, mais, suivant l'usage de Savoie, il n'avait pu en même temps lui transmettre son titre de baron. Le Roi, pour récompenser ses loyaux services, l'autorisa à le porter lui et ses descendants mâles, par ordre de primogéniture, par lettres-patentes du 5 juin 1841.

Le baron Despine mourut à Aix le 7 avril 1852, âgé de soixante-quinze ans. Ce fut non seulement un médecin habile et un savant distingué, ce fut encore un homme compatissant et charitable, donnant ses soins aux pauvres avec autant d'empressement qu'aux riches baigneurs. Aussi cite-t-on ces mots de Madame Necker de Saussure, qui peignent bien son dévouement pour les malheureux. Après avoir, un jour, longtemps attendu dans l'antichambre, cette grande dame lui dit en l'abordant : « Une autre fois, docteur, je m'habillerai en pauvre pour moins attendre votre consultation. »

De son mariage avec Mademoiselle Péronne Revillod, il eut, entr'autres enfants, celui dont l'article suit.

DESPINE (Baron Constant), né à Annecy, le 13 mars 1807. Après avoir fait ses premières études en Savoie et au collège de Briggs en Valais, il se rendit à Turin pour étudier la médecine au collège des provinces, et fut reçu docteur le 30 mai 1830. Son grand-père, le docteur Joseph Despine, qui venait de mourir, lui avait laissé, avec sa bibliothèque, une somme assez ronde, à la condition qu'il continuerait la lignée médicale qu'il avait commencée, et qu'aussitôt reçu docteur il visiterait les stations thermales les plus célèbres, et se perfectionnerait dans les universités étrangères.

Le baron Constant Despine, tout heureux de pouvoir remplir les intentions de son aïeul, se mit donc à voyager. Il se rendit d'abord à Paris, où il suivit, pendant la Révolution de 1830, les opérations nombreuses du célèbre Dupuytren. Il fut aussi, successivement, attaché aux cliniques des Chomel, des Lisfranc, des Récamier, des Marjolin, d'Alibert, d'Orfila, Thénard et autres célèbres praticiens de l'époque. Il parcourut ensuite l'Angleterre, l'Écosse, l'Irlande, la Hollande, l'Italie, la Belgique, étudiant partout les diverses méthodes d'employer les eaux minérales, travaillant dans les hôpitaux avec les plus célèbres médecins et les plus habiles chirurgiens. Doué d'une aptitude spéciale pour les langues, il se perfectionna en même temps dans l'étude de l'allemand, de l'anglais et de l'italien, qu'il parlait et écrivait, presqu'aussi bien que sa langue maternelle.

Son esprit observateur lui permit en même temps de visiter avec fruit les monuments anciens et modernes des pays qu'il parcourait, et d'acquérir, ainsi, ce goût du beau, cet art de bien faire, qui ont caractérisé par la suite toutes ses œuvres. Il était à peine rentré en Savoie, que le gouvernement sarde lui confia la mission de se rendre en Angleterre, pour étudier la marche du choléra asiatique, qui venait d'y faire son apparition. Le docteur Despine était alors membre du Conseil d'hygiène publique de la province, il partit aussitôt, étudia à Londres et à Paris le terrible fléau, et fit un rapport très judicieux où l'on trouve les moyens de combattre et de prévenir le mal. Ces trois ans de voyage, en perfectionnant les facultés et l'instruction du jeune médecin, lui donnèrent, dès le début, une grande supériorité sur ses confrères, et furent une des causes principales des succès qu'il eut dans la suite. La première chose qu'il fit en revenant à Aix, fut de publier le résultat pratique de ses observations, sous ce titre : *Osservazioni pratiche del doctore Despiné, d'Aix in Savoia* (Insérées dans le *Repertorio medico chirurgico del Piemonte.* 1833, in-8° de 16 pages). En 1834, il mit au jour un travail beaucoup plus important. Je veux parler de son *Manuel de l'étranger aux Eaux d'Aix-en-Savoie* (1), le premier ouvrage en ce genre qui ait été fait sur Aix. Ce Manuel, plein d'érudition, dédié à Sir Astley Cooper, baronet, premier chirurgien du roi d'Angleterre, dont il avait suivi les leçons à Londres, contribua beaucoup à faire connaître nos eaux, et à attirer à Aix la clientèle étrangère. L'auteur y donne successivement un aperçu sur la ville, ses environs, ses monuments et ses antiquités, puis traite ensuite des eaux thermales, de leurs propriétés, de leur histoire et de la manière de les appliquer et d'en faire usage.

L'année suivante le baron Despine, avec une activité aussi intelligente que louable, entreprend la publication de ses *Bulletins des Eaux minérales d'Aix* (2). Ces précieux recueils, contenant les constitutions atmosphériques et médicales de la Saison, le mouvement des étrangers à Aix, le nombre de douches et de bains administrés, les améliorations faites à l'Établissement thermal, les cures

(1) Imp. à Annecy, chez Burdet. In-8° de 171 et 46 pages, orné de planches et gravures. Cet ouvrage fut réédité en 1841, 42, 43, 44, 50.

(2) Imp. à Annecy, chez Burdet. In-8°.

les plus importantes obtenues par les eaux, ne parurent malheureusement que pendant les années 1835, 36, 37, 38. Le dernier Bulletin contient, en outre, un abrégé de *l'Histoire d'Estelle*, nom donné au sujet de onze ans, atteint d'une affection nerveuse, et qui avait servi à son père pour faire diverses expériences intéressantes de magnétisme thérapeutique, et une cure par la métallothérapie (1).

Le baron Despine publie à la même époque, dans le journal du docteur Caffe (1837-38. V. 265), une notice ayant pour titre : *Coxalgie guérie aux Eaux d'Aix*. L'imprimerie Burdet, à Annecy, publia de nouveau, en 1846, ses *Notions sur les Eaux minérales d'Aix*, ouvrage réédité chez le même imprimeur, en 1857, et chez Martinet, à Paris, en 1861.

En 1849, par lettres-patentes du 29 septembre, le Roi nomma le baron Despine médecin-inspecteur des eaux d'Aix. Cette preuve de confiance, juste récompense de ses travaux, ne fit que l'encourager. Il s'appliqua d'abord à perfectionner les services divers de l'Établissement thermal, puis il continua la publication de ses ouvrages sur Aix et ses eaux. En 1850, afin d'attirer les baigneurs anglais, il fit imprimer une sorte de guide aux eaux d'Aix, en langue anglaise, sous ce titre : *The Baths of Aix in Savoy. Observations on the mineral Waters of Aix, by the baron Despine m. d. physician of this royal Bathing establishment*. Genève, chez Bonnaut. Cet ouvrage qui eut une seconde édition en 1862, servit beaucoup à faire

(1) Cette histoire a pour réel titre : **Estelle.** *Observations curieuses de névropathie, accompagnée de paralysie presque générale, guérie aux Bains d'Aix-en-Savoie par les eaux, l'électricité et le magnétisme.*

connaître les vertus de nos eaux en Angleterre. En même temps, il mit au jour, avec la collaboration du docteur Audiffred (1), un nouveau guide : *l'Été à Aix-en-Savoie*, orné de lithographies à trois teintes, enrichi d'une carte et de notes par le vicomte Théricourt de Thuzy (2). La partie médicale, traitée avec des données vraiment pratiques, est toute de lui.

Le baron Despine a publié encore dans les Mémoires de diverses sociétés savantes des écrits qui témoignent de son érudition. Ceux de l'*Académie de Savoie* contiennent une curieuse dissertation au sujet d'une ancienne statue de la Vierge, trouvée murée dans un édifice de la ville, en 1850 (3). Le *Journal de l'Institut*, a publié dans son numéro du 16 juin 1852, une notice présentée à l'Académie des Sciences de Paris, sous ce titre : *Mémoire sur l'incubation artificielle au moyen des eaux d'Aix*. L'Académie des Sciences de Turin a consigné dans ses Mémoires une notice du même auteur, sur les antiquités d'Aix, et particulièrement sur de nouvelles salles des anciens bains romains, découverts sous la maison Chabert. Les *Mémoires de l'Académie de Savoie* contiennent encore une étude sur le même sujet, lue dans la séance du 7 juillet 1854 (4).

---

(1) Hector Audiffred, reçu docteur en médecine en 1845, mort à Paris en 1875, à 60 ans. Il a publié, en outre, des notices sur Vichy, le Mont-Dore et Salins (Savoie).

(2) Cet ouvrage eut trois éditions :
1° Celle de 1850, imp. à Paris, chez Dauvin et Fontaine. In-8° de 311 pages;
2° Celle de 1852, imp. à Paris, chez Hennuyer et Cie;
3° Celle de 1859, parue chez le même imprimeur. In-8° de VII-145-307 pages.

(3) 3e série, tome I, pages 56-60. Voyez mon *Histoire d'Aix*, tome I, page 179.

(4) 2e série, tome II, page 27.

Comme on le voit, les soins de son service de médecin-inspecteur lui laissaient encore le loisir d'écrire. Bien plus, il avait encore sur les bras l'administration municipale, car il fut syndic d'Aix, de 1851 à 1853. La ville lui doit sa première canalisation souterraine, ses premiers trottoirs en asphalte, l'indication du nom des rues sur des plaques en fonte, la restauration de l'Hospice de la Reine-Hortense, la fondation d'une Caisse d'épargne, etc., etc. (1).

En 1853, vers la fin d'octobre, le gouvernement ayant affermé, pour vingt ans, l'Établissement thermal, à Monsieur Bias, le baron Despine dut abandonner l'emploi de médecin-inspecteur des eaux, qui fut remplacé, du reste, par l'inspection collective d'une commission médicale. Comme dédommagement, le baron Despine fut autorisé à conserver le titre d'inspecteur honoraire, et reçut du Roi la croix de l'ordre royal des Saints-Maurice et Lazare. M. Despine n'eut qu'un regret, en quittant ce poste de confiance, ce fut de ne pouvoir continuer les améliorations qu'il avait encore projetées pour la prospérité de nos thermes et une meilleure application des eaux. Mais une révolution s'accomplissait aux bains, et l'on avait décidé d'y dépenser près d'un million pour les agrandir. Cette marque d'un état prospère déjà, était pour lui une grande satisfaction, car il avait le sentiment intime d'y avoir contribué, à l'exemple de son père et de son grand-père.

Cependant, il continuait avec succès la pratique de la médecine, et la publication de nouvelles études.

(1) Le baron Despine fut aussi maire de Saint-Innocent, qui lui doit plusieurs actes de générosité, et où il possédait une délicieuse villa, de 1860 à 1871.

1853 avait vu naître son *Indicateur médical et topographique d'Aix-les-Bains*, qui eut un si grand succès (1). L'année suivante, il publiait dans la *Gazette des Hôpitaux* de Paris, le *Mémoire* qu'il avait lu à l'Académie de médecine de cette ville, au sujet d'*appareils perfectionnés pour l'emploi des eaux thermales*. L'empereur Napoléon III ayant appris, lors de son voyage en Savoie, en 1861, les services signalés rendus par le baron Despine, lui décerna la croix de chevalier de la Légion d'honneur. C'est à cette époque que son attention fut attirée sur une nouvelle et intéressante branche de la science historique, dans nos contrées, par la découverte d'objets lacustres et antéhistoriques qu'il fit dans le lac du Bourget et la Grotte des Fées, à Saint-Innocent. Le 12 juin 1861, il fait part à l'Académie de Savoie, dont il est membre correspondant, du résultat de ses fouilles et de ses observations, et en dresse une étude qui est publiée dans les *Mémoires de la Société des antiquaires de France*, vol. XXI. Il ouvrait ainsi la série des recherches faites depuis sur cette intéressante question historique. La même année, il publie une notice ayant pour titre : *Sanctuaire et abymes de Myans* (2). Plus tard, dans une séance tenue par l'Académie de Savoie le 14 février 1867, notre savant compatriote, auquel l'archéologie n'était pas plus étrangère que la médecine, lut un mémoire sur de nouvelles découvertes lacustres.

Le baron Despine était membre de l'Académie des sciences de Turin, de celle de Dijon, des sociétés de médecine de Paris, Lyon, Turin, Marseille et Genève, de la

(1) La dernière édition de cet ouvrage fut imprimée à Paris, en 1870, chez Martinet. In-8° de 88 pages. La 16e édition allait paraître quand la mort de l'auteur est arrivée.

(2) Imprimé à Annecy, chez Thésio.

Société des sciences médicales de la Moselle, de la Société philomathique de Lucques (1835), de la Société économique de Chiavari, de celle d'hydrologie médicale de Paris, de l'Académie royale d'agriculture de Turin, de la Société royale académique de Savoie (1836), de la Société savoisienne d'histoire et d'archéologie, de la Société médico-chirurgicale de Bruxelles et de celle des antiquaires de France.

Il mourut à sa villa de Saint-Innocent, où il aimait tant à se reposer de ses travaux auprès des siens, le 14 mars 1873, d'une attaque d'apoplexie pulmonaire, à l'âge de soixante-six ans. Sa mémoire vivra dans la population d'Aix, dont il a si bien contribué à accroître la prospérité, et l'on peut dire qu'elle l'a bien compris, lorsque la Municipalité de cette ville a donné le nom de Despine à l'une de ses rues, étant ainsi l'interprète fidèle des habitants.

Outre ses nombreux écrits, le baron Despine a laissé divers manuscrits. Citons seulement : 1° *Un répertoire clinique des eaux d'Aix*, tiré de sa clientèle de chaque année, où sont notés les traitements suivis par ses malades, depuis 1833 jusqu'en 1872 inclusivement ; 2° De nombreux matériaux pour la composition d'un ouvrage embrassant l'histoire de toutes les eaux minérales connues et des différents systèmes balnéaires. Ce dernier ouvrage devait être orné de beaucoup de dessins et plans explicatifs ; 3° *Notice sur la ville et le climat de Nice*, où le docteur Despine pratiqua la médecine pendant sept hivers consécutifs, de 1838 à 1844.

De son mariage avec Mademoiselle Anna Soupat, de Genève, le baron Despine a eu : *Alphonse*, dont l'article suit ; *Hélène*, mariée le 18 juillet 1876 à Monsieur Arthur Chauveau des Roches, chevalier de la Légion d'honneur ;

Adèle, mariée le 8 mars 1881 à Monsieur Jean-Stéphane de Béchillon, de Poitiers.

DESPINE (Baron Alphonse), né le 16 juin 1844. Il fit ses études au collège des jésuites de Montgré, près de Villefranche, et, plus tard, soutint sa thèse de licence le 4 février 1869. Rentré en Savoie, il choisit la carrière administrative, et débuta à Chambéry, comme chef du cabinet du préfet de la Savoie, M. le marquis de Fournès, en 1873. Il occupait encore ce poste de confiance, sous l'administration du préfet de Vallavieille, en 1876, lorsqu'il fut nommé sous-préfet à Bonneville, l'année suivante. Malheureusement le changement de politique du gouvernement ne lui permit pas de conserver cette place, il donna sa démission en décembre 1877. Élu maire de Saint-Innocent le 16 janvier 1887, il administra cette commune pendant quelques années et fut réélu ensuite. Le baron Alphonse Despine a épousé le 22 mars 1892, à Londres, Mademoiselle Anne Somërs-Kox, dont il a un fils, *Jean-Constant*, né en 1893.

DESPORTES (Joseph-François-Anatole), notaire à Aix, de 1870 à 1893, année où il cède son étude à M. Leconte.

DESRIEUX (J.), chanoine du Chapitre d'Aix en 1639. Il était de la Bourgogne.

DEVAUX (Pierre-François). En 1779, il est dit fils émancipé de Jean-Claude, et natif de La Roche en Faucigny. Il est qualifié de médecin dans un acte de 1786, et d'officier de santé lorsqu'il achète, le 29 nivôse an III, une vigne provenant des biens de la Collégiale d'Aix, vendus par la Nation. Il épousa Thérèse Bret (1).

(1) Voir *La Savoie thermale*, numéro du 15 mai 1876.

DEVAUX (Prosper), officier de santé à Aix en juin 1793.

DEVRIÈS (Jules-Héritier), né à Lyon de parents savoisiens. Il fit ses études dans cette ville et après avoir obtenu le grade de bachelier ès-sciences, exerça le professorat, tant à l'institut agronomique d'Ecully qu'à l'école vétérinaire préparatoire de Lyon. Plus tard, M. Devriès, formé au goût des sciences et des lettres, s'adonna à des études d'un autre genre, et devint journaliste. C'est en cette qualité que, dès 1895, nous le voyons à Aix diriger *le Progrès d'Aix-les-Bains*. Ce journal n'a cessé depuis lors de contribuer au succès de la station d'Aix, par les articles et biographies artistiques que son directeur y a fait paraître. En 1897, M. Devriès a fondé un autre journal hebdomadaire, paraissant simultanément avec *le Progrès d'Aix-les-Bains*, et ayant pour titre : *le Progrès de Nice*.

DIDIER, chanoine de la Collégiale d'Aix. Dans un acte capitulaire, du 25 juin 1706, il est dit qu'il n'a encore que trois mois et quelques jours de résidence.

DIMIER (Joseph), d'une famille de notaire, qui a subsisté autrefois à La Biolle, près d'Aix. Il est desservant de la paroisse de Saint-Sigismond (Saint-Simon), en 1724, puis chanoine de la Collégiale d'Aix l'année suivante. Le 28 mars 1738, il est nommé promoteur du Chapitre, fonctions qui lui sont confirmées le 24 juillet 1743. Il cumule cet emploi avec celui de trésorier. Inhumé dans l'église collégiale le 23 mars 1751.

DOMENGE (Joseph). Le *Journal officiel* du 9 mars 1886, annonçait que l'exequatur était accordé par le gouvernement français à M. Domenge, nommé vice-consul d'Espagne à Aix. C'est le seul consulat qui ait existé dans cette ville jusqu'à présent. M. Domenge, banquier à Aix, fut plus tard (novembre 1892), décoré de l'ordre royal de la Couronne d'Italie. Il est membre de la Société savoisienne d'histoire et d'archéologie.

DOMENGET. Cette famille, encore très bien représentée, est une des plus anciennes et des plus honorables de la bourgeoisie d'Aix. Elle vint probablement de Chambéry où l'on trouve plusieurs personnages de ce nom, dans les temps passés, depuis Jean Domenget, le jeune, bourgeois de Chambéry, qui se qualifie en 1432, de maître graveur des monnaies ducales (1). Au commencement du XVIIe siècle existaient déjà à Aix plusieurs branches de cette famille, dont l'une, pour se distinguer des autres, avait pris le surnom de *Melloté*. Nous allons donner ci-après les membres de cette famille qui nous ont paru être les plus notables.

DOMENGET (Jean). Il est qualifié de notaire à Aix, lorsqu'il est témoin, en 1628, au testament que la marquise de la Chambre signe dans son château de Longefan. Parmi les enfants qu'il eut de Juliane Aillod, sa femme, citons Léonard qui tenait à Aix un logis ayant pour enseigne : *Au Dauphin*. Ce Léonard, baptisé le 14 janvier 1644, fut inhumé dans l'église d'Aix le 29 septembre 1704. Il avait épousé Thomase, fille de M. Etienne François, le 7 juillet 1667.

DOMENGET (François). Il vit en 1620, fut châtelain d'Aix et mourut le 25 août 1686. Les manuscrits

---

(1) *Mémoires de la Société savoisienne d'histoire et d'archéologie*, tome XXIV, page 405.

qu'il a laissés, quoique tronqués, contiennent des faits intéressants sur les événements qui se sont passés à Aix de 1642 à 1682. Il habitait dans cette ville une maison dite la maison de Saint-Antoine. Sa première femme fut Jacqueline Rey, et la deuxième Antoinette Arbelot. Celle-ci fut inhumée le 7 février 1698, à quatre-vingts ans.

DOMENGET (Jean-Claude), fils du précédent, né le 10 février 1659, émancipé le 11 novembre 1680, notaire en 1687 et 1713, marié le 19 juillet 1689 à Françoise Pernet, inhumé le 31 octobre 1745.

DOMENGET (Adrian), frère du précédent et notaire aussi, baptisé le 25 juillet 1637, marié le 20 juillet 1670, à Anne Pocquel, inhumé le 29 juillet 1694.

DOMENGET (Jean-Baptiste), frère des précédents, reçu religieux d'Hautecombe par lettres de Son Altesse Royale le duc de Savoie, le 22 juillet 1646.

DOMENGET (Jean-Dominique), frère des précédents, baptisé le 13 décembre 1633, institué chanoine de la Collégiale d'Aix, après la démission de révérend Claude Mugnier, de Cluses, par le doyen de la Grange, suivant nomination et présentation signée par le marquis d'Aix le 20 janvier 1647. Il est chantre et procureur du Chapitre en 1667 et 1668, archidiacre dès septembre 1679, et mourut le 1er décembre 1692.

DOMENGET (Jean-Pierre), frère des précédents, né le 4 septembre 1639, devint chanoine de la Collégiale d'Aix, par suite de l'échange qu'il fit avec révérend Claude Roux, en mars 1669.

DOMENGET (Gaspard), docteur en droit,

baptisé le 14 janvier 1705, marié à Catherine Bertier, le 5 mars 1737, il est fils de Jean-Claude et vit encore en 1769.

DOMENGET (Louis), fils du précédent, secrétaire-insinuateur perpétuel du tabellion d'Aix en 1779 et 1795, marié le 28 janvier 1773 à Marie Jance. En 1781, il écrit à l'Intendant général de Savoie pour lui signaler le mauvais état de la tour où étaient alors enfermées les archives du tabellion, et lui demander que ces archives soient placées dans la nouvelle maison de ville, que la municipalité d'Aix se proposait alors de faire construire.

DOMENGET (François), frère du précédent, baptisé le 8 janvier 1739, marié le 4 novembre 1775, à Jeanne Perret. Il fut conseiller municipal d'Aix en 1785, notaire, puis receveur de l'enregistrement, de l'an IV à l'an XI, et mourut le 18 mai 1808.

DOMENGET (Gaspard), chanoine de la Collégiale d'Aix en 1773.

DOMENGET (Charles), né à Aix, le 22 août 1743, ordonné prêtre en 1772, déjà chanoine du Chapitre collégial d'Aix le 21 mars 1772. Il est âgé de cinquante-un ans, lorsqu'il prête dans l'église de cette ville, le 24 février 1793, le serment constitutionnel. Il eut aussi la faiblesse de prêter le serment d'Albitte, mais se rétracta le 29 janvier 1803. Il mourut le 12 avril 1809, à l'âge de soixante-six ans.

DOMENGET (Jacques), frère du précédent, né à Aix le 27 avril 1750, desservant de Trévignin et chanoine de la Collégiale d'Aix en 1782. Il prêta les deux serments, constitutionnel et d'Albitte, en 1793 et 1794, puis se rétracta le 29 janvier 1803. Il devint curé de

Pugny le 15 décembre 1820 et mourut dans cette paroisse le 28 avril 1829.

DOMENGET (Jean-Claude-Louis), né à Aix, le 4 novembre 1782, de François et de Jeanne Perret susdits. Il entra dans l'administration des domaines le 13 mars 1800, devint receveur des domaines à Frangy le 22 février 1805, à Pont-de-Veyle le 11 novembre 1806, vérificateur le 8 septembre 1809, inspecteur à Genève le 24 septembre 1813, puis à Villeneuve d'Agen le 17 novembre 1814. Le 14 février 1816, il obtient en France des lettres de naturalité, puis passe inspecteur à Perpignan le 18 mars suivant. Il prit enfin sa retraite à Chambéry, où il mourut le 7 septembre 1829, laissant de Virginie Guiter, qu'il avait épousée à Perpignan en 1820, un fils unique né à Perpignan le 17 juin 1821, ingénieur en chef des Ponts-et-Chaussées, directeur en chef de la voirie urbaine de Lyon, et encore vivant en 1884.

DOMENGET (Louis-Marie), receveur de l'enregistrement à Aix en 1804 et 1805, conservateur des hypothèques à Chambéry en 1826. Sa fille, Marie-Jeanne-Gasparine, épousa (acte dotal du 8 mai 1845), Alexandre-Marie-Joseph, fils de François de Marcley, capitaine dans le 2e régiment de la brigade de Savoie en 1850, époque où il vendit sa villa de Tresserve au comte Alexandre Bracorens de Savoiroux.

DOMENGET (Ernest), fils du précédent, né à Chambéry, mais demeurant à Aix, syndic de cette ville, de 1845 à 1849, propriétaire d'un domaine à la Fougère, à Grésy-sur-Aix, administrateur sage et intelligent, dont le souvenir se conserve à Aix, où il est mort le 23 novembre 1889, à l'âge de soixante-onze ans. De son mariage avec Mlle Perret, il a laissé un fils, *Théodore,* attaché à la résidence d'Hanoï (Tonkin), en 1889, et deux filles, dont l'une a épousé M. Xavier La Bonardière, à Grenoble.

DOMENGET (Joseph), négociant, fut syndic de la ville d'Aix, de 1842 à 1845, mort avant 1850.

DOMENGET (Gaspard-Marie-Louis), né à Aix le 26 juin 1828, fils du précédent, ordonné prêtre le 14 juin 1851, vicaire à Chindrieux le 23 même mois, à Saint-Genix le 21 mars 1856, à Notre-Dame à Chambéry le 30 juillet 1857, curé d'Ecole le 14 avril 1863, curé de Saint-Innocent le 18 décembre 1867, archiprêtre-curé du Pont-de-Beauvoisin par décret du 27 mars 1876. Aujourd'hui M. l'abbé Domenget est chanoine du Chapitre métropolitain de Chambéry.

DOMENGET (Marie-Jean-Louis), banquier à Aix, fils de Claudius et petit-fils de Joseph susdit, marié le 2 mars 1886 à Mlle Jeanne-Sévérine Zacharie, de Lyon.

DOMENGET (Eugène-Jean-Baptiste-Marie), né à Aix le 18 novembre 1851, ordonné prêtre le 19 décembre 1875, vicaire à Cruet le 1er janvier 1876, à Notre-Dame à Chambéry le 1er septembre 1879, aumônier-adjoint de l'Orphelinat des garçons, au Bocage à Chambéry, en 1884; vicaire à Francin, en 1886, curé de la même paroisse le 8 janvier 1887. Depuis le mois de décembre 1894, M. l'abbé Domenget est curé de la paroisse de Saint-Pierre-de-Maché, à Chambéry.

Outre les trois membres de la famille Domenget que nous venons de nommer, cettre branche compte une fille mariée à Boëge, et une religieuse, sœurs de Louis et

Eugène. Le domaine et le château du Donjon, à Drumettaz, leur a appartenu pendant longtemps; ils sont la propriété de Mme Zoé Arminjon et de son fils depuis 1898.

DOPPET (François-Amédée), né à Chambéry en 1753, médecin, poète, écrivain, général. Ce fut un homme médiocre en tout ce qu'il entreprit. Il appartient aussi bien à Aix qu'à Chambéry, car s'il naquit dans cette ville, il mourut dans l'autre en 1800 (V. Grillet, *Dictionnaire historique,* 2, p. 192; Jules Philippe, *les Gloires de la Savoie*).

DRIVET (François). Après avoir servi dans l'armée sarde, en qualité de sous-officier du génie, il vint à Paris prendre son brevet d'ingénieur géographe, à la suite d'études spéciales et d'examens brillamment subis. Il se fit ensuite connaître par divers travaux intéressants, parmi lesquels la Savoie ne fut point oubliée. Citons d'abord un article tiré de la *Revue savoisienne* (1):

« M. Revon expose une collection d'héliogravures « données au musée d'Annecy par l'inventeur d'un pro- « cédé particulier, M. Drivet, d'Aix-les-Bains. On re- « marque de belles épreuves; à quelques-unes on peut « reprocher, çà et là, l'absence de demi-teintes, et par- « fois trop peu de relief; mais ces premiers essais de « M. Drivet font prévoir de brillants résultats. Les repro- « ductions de gravures sont admirablement réussies et « imitent les originaux à s'y méprendre. Il y a aussi des « portraits bien modelés, d'excellentes reproductions de « tableaux, des études de paysages d'après nature qui « fourniront des documents précieux aux artistes, et des

(1) *Annuaire du Club-Alpin.* 1869, page 63; 1875, page 798.

« *fac-simile* de dessins des grands maîtres obtenus à « plusieurs couleurs. »

En 1875, de concert avec M. H. Pigeonneau (1), il publia une *Carte murale en relief et écrite de la France*, contenant sa géographie physique, le relief du sol, les voies de communication, etc. Cette carte de un mètre cinquante centimètres carrés, à l'échelle de 1 à 800.000e, fut couronné par la Société de l'instruction primaire, et adoptée par la Commission des écoles de Paris (2).

Les mêmes firent encore une *Carte en relief de la France*, à l'échelle de 1 à 2.000.000, mesurant 0m50, qui est une réduction de la première; une *Petite Carte en relief et écrite de la France, géographie physique*, à la dimension de vingt-cinq centimètres carrés, et une *Carte en relief et écrite*, pour l'enseignement de la géographie spéciale, pour chacune des cinq parties du monde; puis Drivet fit seul la *Carte en relief des Alpes*, d'après le système de Bardin. Après cet artiste, Drivet était alors, sans contredit, celui qui faisait le mieux les cartes en relief. Laissant les anciens systèmes de modelage, qui reproduisaient, à peine, et sans précision, la configuration d'un pays, Drivet s'efforça de donner à ses cartes une représentation artistique, exacte, fidèle, géométrique, pouvant être confrontée avec le terrain même, qu'il visitait minutieusement avant de commencer.

On admire surtout ses plans en relief du Mont-Blanc

(1) M. H. Pigeonneau, professeur d'Histoire à la Sorbonne, à l'école libre des Sciences politiques, vice-président de la Société de géographie commerciale, auteur de plusieurs ouvrages classiques d'histoire et de géographie, édités (de même que les cartes de Drivet), chez M. Eugène Belin, à Paris, rue de Vaugirard, 52.

(2) Cette carte à six teintes se vend encore à la maison Belin, à Paris, 50 francs.

et des environs d'Annecy, à l'échelle horizontale et verticale de 1 à 80.000e, dressés en 1877; son plan en relief des environs d'Aix, comprenant le Revard et le lac du Bourget, à l'échelle de 1 à 40.000e, double par conséquent de celle de la carte de l'Etat-Major. Ce plan en relief, exécuté en 1875, est au musée de la ville d'Aix.

M. Drivet est mort, jeune encore, à Aix, au mois de février 1879 (1).

DRONCHAT. Cette honorable famille, aujourd'hui éteinte, faisait partie de l'ancienne bourgeoisie d'Aix, et semble être originaire de la Roche (Haute-Savoie). Elle s'établit à Aix en la personne de Jean-François Dronchat, d'Extaux, qualifié de bourgeois de la Roche, par suite de son mariage avec Françon Lasalle, qui eut lieu à Aix, le 4 février 1716. Au baptême de leur fille Clémentine (17 avril 1717), figure comme parrain, André Dronchat, de Saint-Innocent. Voici les membres de cette famille que je puis citer :

DRONCHAT (François), baptisé à Aix en 1738, le 20 janvier, notaire en cette ville en 1798, et encore en 1826, secrétaire de sa commune de 1819 à 1826. Il épousa Françoise Dimier, d'une famille de notaire, à la Biolle.

DRONCHAT (Jean-Claude), né à la Biolle, notaire à Aix, où il succéda à son père prénommé, dès 1827. Il fut aussi secrétaire de ville, de 1827 à 1834, puis nommé syndic en août 1851. Il vit encore en 1858. Sa

(1) Voir *la Savoie thermale*, numéros du 26 septembre 1875, 24 novembre et 8 décembre 1878. — Drivet naquit, je crois, au Bourget-du-Lac.

femme, Christine Fleury, fit un legs aux frères de la Doctrine chrétienne d'Aix, pour leurs écoles.

DRONCHAT (Aimé), né à Saint-Innocent, le 23 octobre 1788, frère du précédent. Après être sorti de l'École militaire, il fit successivement les campagnes d'Espagne, d'Allemagne, de Morée et d'Afrique, et parvint au grade de chef de bataillon. Il fut officier de la Légion d'honneur et chevalier de Saint-Louis, après s'être fait naturaliser français le 9 octobre 1816. Il est mort à Aix le 16 février 1858.

DRONCHAT (Jean-Joseph-Marie-François), frère du précédent, né à Saint-Innocent, en 1790, le 5 avril. Il fut employé des douanes à Bellegarde et mourut vérificateur à Marseille le 16 décembre 1848. Il se fit naturaliser français le 18 avril 1816.

DRONCHAT (Michel-Ernest), probablement frère du précédent, né à Aix le 10 septembre 1806. Il entra dans la Compagnie de Jésus au noviciat de Brigg, en Valais, le 10 novembre 1827, et fut ordonné prêtre à Avignon, par Monseigneur Dupont, en 1838, dans la chapelle intérieure de la résidence de la rue de Saint-Marc. Les jésuites ayant été chassés de la Suisse, en 1847, il rentra en Savoie où il fut nommé vicaire à Domessin, le 17 avril 1848. Il rentra dans son ordre, le 10 mai 1850, et résida à Avignon pendant près de vingt ans, au collège de Saint-Joseph, dont douze en qualité d'économe. C'est là qu'il est mort, le 14 juin 1886, âgé de quatre-vingts ans, laissant le souvenir d'un saint prêtre et d'un homme dévoué à l'éducation de la jeunesse.

DRONCHAT (Alexandre), sous-lieutenant dans le second régiment de la Brigade de Savoie en 1858, et ensuite capitaine au même corps. Mort sans postérité, faisant héritier la famille Delabaye.

DUBOIS. Encore une ancienne famille de la bourgeoisie d'Aix, dont le nom s'écrivait *Duboys*. Elle semble originaire de Saint-Genix-d'Aoste. Voici quels sont les membres de cette famille que je puis citer :

DUBOIS (Benoît), chanoine de la Collégiale d'Aix en 1518.

DUBOIS (Claude), notaire à Aix et secrétaire de ville en 1618.

DUBOIS (Jacques), fils du précédent, chirurgien et bourgeois d'Aix. Il est présent, le 13 février 1639, à l'acte de reconnaissance féodale passé par Claude Burdet, dit Mauroz, en faveur de noble Hugonin de Mouxy, et au dépôt du testament d'Emmanuelle-Philiberte de Novéry, femme de Jean de Mouxy, seigneur de Loche, fait le 21 février 1664 (1). Il épousa Benoîte Pocquel.

DUBOIS (Louis), fils du précédent, baptisé à Aix le 16 novembre 1637, docteur en médecine, présent au testament de Jeanne-Claude Pavy, deuxième femme de Joseph-Emmanuel de Mouxy, comte de Loche, le 11 octobre 1692. Inhumé le 17 février 1717, à l'âge de quatre-vingts ans, dans la nef de l'église d'Aix. Il fut marié, le 25 février 1683, à Bonaventure de Lornay de Grimotière, laquelle fut inhumée à Aix le 6 mars 1742.

DUBOIS (Étienne), curial, puis châtelain d'Aix en 1680 et 1687, inhumé le 19 août 1698. De son mariage

(1) Arch. du chât. de Loche, pièces numéros 2246 et 20.

avec Jacqueline Parent, il eut *Jean,* chirurgien à Aix en 1673 et 1728, qui épousa Louise Turc, morte au mois de décembre 1728.

DUBOIS (Pierre), chanoine de la collégiale d'Aix dès décembre 1649. Il fit une telle opposition à l'ordonnance rendue, le 19 août 1682, par le Chapitre, contre les chanoines qui jouaient publiquement et fréquentaient les tavernes de la ville, que cette ordonnance ne fut ni signée, ni exécutée. Il est procureur du Chapitre en 1675, et fut inhumé dans la chapelle du Rosaire, à Aix, le 12 mai 1683.

DUBOIS (Jean-Claude), qualifié de spectable, baptisé le 6 février 1683, inhumé le 16 juillet 1760. Marié à Marie Donier, morte en 1763.

DUBOIS (Philibert), qualifié de spectable, communier d'Aix en 1779, conseiller de ville en 1785, inhumé à Aix le 7 janvier 1806. Il résidait habituellement à Chambéry, lieu de sa naissance.

DUBOIS (Jean-Louis), avocat, vit à l'époque de la mort de son fils Nicolas, inhumé dans l'église d'Aix le 24 octobre 1735.

DUBOIS (Claude), qualifié de spectable (avocat), marié à Elise Artaud. Ils vivent le 4 juillet 1780, jour où ils marient leur fille à spectable Louis Rabut.

DUBOIS (Charles). Dans la liste des émigrés d'Aix, présentée par la municipalité de cette ville le 3 frimaire an II, figure Charles Dubois, garde du corps du roi de Sardaigne, depuis quarante ans environ.

DUBUISSON. Voici encore une des anciennes familles de la bourgeoisie d'Aix, qui résidait autrefois dans la paroisse de Saint-Paul sur Aix, et qui est éteinte croyons-nous. Parmi les membres de cette famille on peut citer :

DUBUISSON (Etienne), qui servit dans une compagnie du régiment de Bourbon-Cavalerie, commandé par M. de Calore, et fut inhumé à Aix le 6 janvier 1706.

DUBUISSON (Antoine), notaire à Aix en 1766 et 1779, qui épousa Philippine Fortis.

DUBUISSON (Antoine), fils de feu Joseph, et avocat au Sénat de Savoie en 1779.

DUBUISSON (François), fils de Simon, baptisé à Aix le 20 mai 1690, maître chirurgien, inhumé dans cette ville le 30 août 1736.

DUBUISSON (Joseph-Marie), lieutenant de gendarmerie, né à Chambéry le 19 juillet 1766, naturalisé français le 11 mars 1818.

DUBUISSON (Claude), né à Chambéry en 1781, le 12 avril, receveur à cheval des contributions indirectes à Saint-Laurent de l'Ain, lorsqu'il est naturalisé français le 8 mars 1818.

DUCROZ (Claude), médecin à Aix en 1760, inhumé dans l'église de cette ville le 14 mai 1765. Il avait épousé Jacqueline Perret le 30 juillet 1740.

DUMONT (Jean), né à Aix vers 1768, sergent-major de fusiliers au quatrième bataillon des volontaires du Mont-Blanc le 30 juillet 1793, sous-lieutenant le 22 nivôse an II. Il fut tué par un boulet de canon, au siège de Roses, contre les Espagnols, le 12 janvier 1795.

DUNANT (Jean-Claude), chirurgien à Aix, inhumé dans cette ville le 14 février 1698.

DUPRAZ (Jean-Baptiste), né à Collonges en 1813, docteur de la Faculté de Turin, successivement intendant des provinces de Turin, Alexandrie, Saluces et Nice. Il se retira après le vote de la loi Sicardi qu'il n'approuvait pas. Il fut aussi directeur du pénitencier d'Oneille, et l'on raconte qu'un soir un des détenus lui porta quatre coups de couteau, dans l'espoir de faciliter une révolte générale. L'énergie de M. Dupraz fit rentrer dans l'ordre les mutins. Après avoir occupé quatre ans (1856-1860), le poste de commissaire royal des bains d'Aix, il fut appelé à l'importante fonction de maître auditeur à la Cour des Comptes de Turin. Lorsqu'il fut admis à la retraite, il fut créé commandeur de l'ordre des Saints-Maurice et Lazare. Le Pape lui accorda aussi le cordon de commandeur de Saint-Grégoire-le-Grand. Il est mort à la Trinité-Mondovi, le 12 décembre 1880 (1).

DUPUY (Laurent), chanoine de la Collégiale d'Aix. Il est qualifié d'archidiacre dans l'acte d'hommage passé le 16 mars 1554, par Antoine de Mouxy, seigneur du dit lieu, en faveur de Charles de Seyssel, baron d'Aix.

DURAND-DRONCHAT (Alexandre), avocat à la Cour d'appel de Chambéry. Reçu membre effectif de la Société savoisienne d'histoire et d'archéologie le 19 décembre 1897.

---

(1) Voir les *Matinées d'Aix*, numéro du 28 août 1859.

DURERAT (Claude), notaire à Aix en 1411.

DURIEUX (Etienne), né à Hermillon en Maurienne, vers 1743, de Martin Durieux. Il est enseigne au régiment de Maurienne en 1784, chef de bataillon, commandant en second le quatrième bataillon des volontaires de la Savoie, à partir du 9 juin 1793. Il rentra dans ses foyers après la signature de la paix avec l'Espagne, le 1er août 1795. De son mariage avec Jeanne-Marie Berthet, il eut le suivant.

DURIEUX (Joseph-Claude), né à Mouxy, le 13 décembre 1787, lieutenant de gendarmerie à la Tour-du-Pin, lorsqu'il reçoit des lettres de naturalisation du gouvernement français, le 14 novembre 1818. Major d'infanterie, appliqué à l'état-major de la division de Gênes (1833); lieutenant-colonel (1839); nommé colonel en 1844 avec la même affectation; retraité en 1845; chevalier de l'Ordre militaire de Savoie (*Revue savoisienne*. 1897, page 269).

DUVERNEY (Joseph), syndic d'Aix, de 1836 à 1842. Il avait alors environ soixante-dix ans.

DUVERNEY (Georges), officier en retraite, chevalier de l'Ordre militaire de Savoie, en 1822, époque où il est âgé de soixante-deux ans.

DUVERNEY (Joseph-Marc), fils de Georges, né à Aix, notaire au Viviers, en 1850 et 1858.

DUVERNAY (Joseph), pharmacien à Aix (Voir l'*Avenir d'Aix-les-Bains*, numéro du 11 mars 1883).

**GRAZ (Pierre)**, directeur des Usines à gaz et électricité d'Aix-les-Bains, président de la Société d'escrime de cette ville.

ESERI (Comte Hyacinte-Rodolphe-Duclos DUFRENOY d'), doyen du Chapitre d'Aix. J'ai traité de ce personnage dans mon *Histoire d'Aix*, volume 1er, page 516.

EXCOFFIER (Claude), feu François, chirurgien à Aix. Il avait épousé Jeanne-Marguerite Magnin, et vivait environ au milieu du siècle dernier.

FANTONI (Jean-Baptiste), né à Turin en 1675, professeur à l'Université de cette ville. Il a publié : *De Aquis Gratianis libellus*. Idem, *De Aquis Maurianensibus*. Ces deux notices se trouvent dans l'ouvrage intitulé : *Joannis Fantoni medici regii et in Academia Taurinensi professoris emeriti, opuscula medica et physiologica*. Un volume in-4°. *Genevæ*. 1748, pages 202-282. Ces opuscules sont adressés à J.-P. Lanciri, en septembre et décembre 1718.

FAVRE (Claude-Nicolas), chanoine de la Collégiale d'Aix, décédé le 4 avril 1647.

FAVRE (Claude-Nicolas), fils de Michel, né à Aix, signe au registre capitulaire en qualité de chanoine de la Collégiale, le 2 octobre 1748. Il occupe le poste de vicaire desservant de la paroisse d'Aix dès le 19 mai 1756, et fut en même temps procureur du Chapitre de 1751 à 1773. On lui conféra aussi la dignité de chantre. Il mourut en 1792.

FAVRE (Jean-Joseph), né à la Roche en 1789, le 11 mars, ordonné prêtre le 1er août 1812; nommé vicaire à Carouge, le 5 août 1812; professeur de rhétorique dans cette ville le 1er novembre 1817; curé de Chindrieux le 1er novembre 1820; archiprêtre curé d'Aix le 24 juin 1837; aumônier de la Sainte-Chapelle de Chambéry le 14 juin 1843; chanoine honoraire de la Métropole le 27 janvier 1848, mort aumônier de la Sainte-Chapelle le 29 janvier 1874, à l'âge de quatre-vingt-quatre ans. Le chanoine Favre compte au nombre des bienfaiteurs de la ville d'Aix, car il fit un don de 2.400 livres aux écoles tenues par les frères de la Doctrine Chrétienne, pour agrandir le local, en 1844.

FERRIER (Jean-Antoine), chanoine du prieuré de Sainte-Marie d'Aix, et desservant de la paroisse, de 1421 à 1424.

FÉSIGNY (Claude-Louis de), docteur en théologie, chanoine de la Collégiale d'Aix, proto-notaire en 1654, chantre dès 1659, mis en possession de la charge de trésorier le 19 janvier 1666, procureur du Chapitre la même année, inhumé dans l'église d'Aix, l'année 1675, le 29 octobre. Le châtelain Domenget raconte ainsi sa mort :

« M. de Fésigny a dict la messe matinière et après « est allé en sa mayson prendre de l'argent pour payer « le dime qu'il avoit acheté de M. le doyen J. de Thoras, « et portoit l'argent dans sa mayson, et descendant par « les degréz les pieds luy ont glissé et a baillé de la teste « et est demeuré roide mort aux pieds des degrés. »

FINA (Pierre), chanoine de la Collégiale et desservant de la paroisse d'Aix en 1637.

FIQUET (Auguste), né à Amiens (Somme), le 17 avril 1864. Après avoir conquis les grades de bachelier ès-lettres et ès-sciences au lycée de sa ville natale, il tourna ses études du côté de la médecine, et fut successivement nommé au concours, externe, puis interne à l'Hôtel-Dieu de la même ville. Dès novembre 1885, il compléta ses cours de médecine à Paris, fut reçu interne des hôpitaux au concours de l'année 1891 et docteur le 15 mars 1894, après avoir soutenu sa thèse : *Des Intoxications alimentaires d'origine carnée.*

M. le docteur Fiquet ayant épousé, le 3 septembre 1895, Mlle Renée, fille de M. Joseph Favier, banquier à Chambéry, se fixa définitivement à Aix-les-Bains. Les eaux thermales attirèrent alors tout naturellement son attention et il se mit à faire des recherches sur l'action que ces eaux exercent sur la nutrition. Le fruit de ses expériences et de ses patientes recherches a été consigné dans un mémoire intitulé : *Étude sur l'action de la douche-massage tempérée d'Aix-les-Bains sur la nutrition.* Cette étude, présentée à l'Académie de médecine de Paris, a valu à son auteur, à titre de récompense, une médaille d'argent.

Actuellement M. le docteur Fiquet, encouragé par M. Albert Robin, savant professeur de Paris, continue ses études de laboratoire sur les eaux d'Aix et de Marlioz, prises en douche et en boisson, espérant pouvoir faire des découvertes nouvelles qui permettront d'envoyer à Aix certains malades, auxquels nos eaux n'ont jamais été conseillées jusqu'à présent.

FLÉCHÈRE (François-Melchior de la), chevalier de Malte, sépulturé à Aix, le 30 septembre 1625.

FLEURY (Joseph), fils de Mamert, originaire de Saint-Amour en Franche-Comté, docteur-médecin de la Faculté de Montpellier, le 24 mai 1747. Il épousa en juin 1749, Péronne Lard, jeune personne d'une beauté signalée par J.-J. Rousseau, dans ses *Confessions.* Il fut nommé, le 20 novembre 1752, proto-médecin de la province de Savoie, c'est-à-dire médecin des épidémies et magistrat d'hygiène et de salubrité publique.

Le 7 juin 1759, il achète de noble Jean-Baptiste, feu noble François Du Crest, la rente *dite de Galles,* et tous les autres biens possédés par le vendeur à Aix, Mouxy, Drumettaz, Trévignin, Grésy, pour le prix de 22.000 livres. Il habitait à Aix la maison Raynaud, au faubourg de Mouxy, autrefois dit faubourg de Saint-Pol et maintenant rue Georges Ier. Il en vendit une autre, numéro 152 de la mappe, à noble Joseph de Rolland, seigneur de la maison forte de Mouxy, par acte du 23 septembre 1770, pour le prix de 2.000 livres. Il mourut le 26 octobre 1781, à l'âge de soixante-cinq ans. Grillet (1), cite un ouvrage publié par ce praticien : *Lettres sur les vertus des eaux ferrugineuses de la Boisse*, dédié à M. Potôt, professeur du collège de médecine de Lyon, imprimé chez Lullin, à Chambéry, en 1778, in-8°. Cet ouvrage eut deux éditions.

La famille Fleury a donné son nom à une petite source d'eau thermale qui s'échappait autrefois des réservoirs naturels de l'eau dite d'alun, mais qui a disparu depuis les travaux de captation faits en 1855. Elle était située sous les jardins de la villa Chevalley, et fut revendiquée dans un procès que la Commission administrative des Bains eut avec M. Benoît Mollard, de 1842 à 1851.

(1) *Dictionnaire historique*, 2, page 65.

FLEURY (Maurice), frère du précédent, d'abord curé de Mautry, au diocèse de Besançon, puis chanoine de la Collégiale d'Aix. Il signe pour la première fois au livre capitulaire le 12 novembre 1760. Le 8 mars 1769, il est pourvu de la charge de trésorier sacristain, par messire Joseph-Joachim d'Allinges, marquis de Coudrée et d'Aix, et mis en possession le 11 du même mois. Il fut encore institué recteur de la chapelle de Sainte-Catherine, dans l'église d'Aix, le 14 août 1770, et élevé à la charge d'archidiacre en 1772. Il fut inhumé dans l'église d'Aix, le 30 septembre 1779.

FLEURY (Maurice-Frédéric), fils de Joseph susdit, né le 24 novembre 1754, fut syndic d'Aix en 1790 et 1791, et maire de 1801 à 1816. Nous le retrouvons encore vice-syndic de 1823 à 1827, époque où il est âgé de soixante-douze ans. Il a laissé la réputation d'un bon administrateur, honnête, intelligent, actif et dévoué aux intérêts de la ville.

FLEURY, receveur de l'enregistrement en 1817.

FLEURY (Jean), notaire à Aix en 1822 et 1827.

FOLLIET (Antoine-Marie), docteur de la Faculté de Paris en 1878, médecin à Aix dès 1881, nommé en juin 1899, médecin-inspecteur de la première circonscription d'Aix, pour la protection des enfants du premier âge.

FOLLIET (Pierre), pharmacien à Aix, conseiller municipal. Nommé officier d'académie en mars 1899 et deuxième adjoint au maire d'Aix en mai 1900.

FONTANUS (Joseph), chanoine de la Collégiale d'Aix. Il signe en cette qualité l'acte de mise en possession du canonicat de révérend Jordan, en 1759.

FORESTIER. Cette famille, l'une des plus anciennes et des plus distinguées de la ville d'Aix, serait originaire d'Amancy (Haute-Savoie), d'après M. le docteur L. Guilland, et serait venue se fixer à Aix, vers 1700, en la personne d'Antoine, chamoiseur. Suivant des titres de famille, les Forestier viendraient au contraire d'Ansigny, près d'Albens, et remonteraient à Jean, négociant dans cette petite commune, et qui eut pour fils Claude, et pour petit-fils Antoine. Jean vivait en 1590 et 1649. Nous allons successivement citer les membres de cette famille les plus notables.

FORESTIER (Antoine), fils d'Humbert et de Béatrix Quay, né à Aix, fermier général du marquisat d'Aix en 1745 et 1757, également des biens de la Collégiale en 1780. Il est syndic d'Aix en 1761, 1766 et 1773. Inhumé le 18 juillet 1781. Il avait épousé Antoinette Dubuisson, inhumée le 13 mai 1754.

FORESTIER (Gaspard), baptisé le 12 juillet 1735, notaire à Aix de 1772 à 1797, châtelain de cette ville en 1775. Il épousa le 27 décembre 1763, Marie Domenget, qui vit encore en 1806, et dont il eut cinq fils, qui méritent d'être cités ci-après :

FORESTIER (Gaspard-François), né à Aix, le 14 mars 1767. Il s'engagea, en 1792, dans la Légion des Allobroges, et fut élu capitaine dans le premier bataillon, le 5 avril 1793. Il suivit son bataillon dans la campagne entreprise contre l'Espagne, dans les Pyrénées, et montra partout un sang-froid et une bravoure digne d'être signalés. Avec cent-cinq hommes, il sut victorieusement défendre le poste de la tour de la Massane, contre cinq cents Espagnols (15 décembre 1793), et sauva ainsi une partie de la division Delattre; à Saint-Elme, cinq jours après, il s'élança intrépidement au milieu des gardes Wallones et reconquit le drapeau enlevé à son bataillon. Le capitaine Forestier se rendit ensuite dans le nord de l'Italie, et fut successivement nommé adjoint de l'adjudant-général Guillet, aide-de-camp du général de Frégeville le 2 mars 1801, chevalier de la Légion d'honneur le 17 juin 1804, et chef d'escadron le 22 du même mois.

Il fit la campagne de 1806, dans le Napolitain, et fut grièvement blessé à l'assaut de Civita-del-Tronto; il rejoignit ensuite la Grande-Armée, et fut de nouveau blessé au siège de Stralsund, où il était major de tranchées, le 7 mai 1807. Passé au deuxième corps de l'armée d'Espagne, en juillet 1808, il se distingua au combat de Rio-Secco, fut encore blessé à Oporto, le 29 mai 1809, résida quelque temps à Madrid et devint Baron de l'Empire (décret du 20 mai 1811, et lettres-patentes du 25 novembre 1813). Puis il fut élevé au grade de sous-chef d'état-major de l'armée du Midi, décoré de la croix d'officier de la Légion d'honneur, nommé général de brigade (30 mai 1813), commandant d'une partie de l'avant-garde de l'armée du vice-roi d'Italie, inspecteur d'infanterie dans la seizième division militaire, commandant du département de l'Hérault (10 juin 1815), commandeur de la Légion d'honneur et chevalier de Saint-Louis (1).

---

(1) Sur les deux généraux Forestier, on peut consulter :

1º Les *Mémoires de la Société savoisienne d'hist. et d'arch.*, tome XVII, article : *Les naturalisés de Savoie en France;*

Mis en non activité le 1er septembre 1815, il fut admis à la retraite le 1er janvier 1825, et mourut à Paris le 24 avril 1832. Les armoiries données avec le titre de baron, au général Forestier, sont : *Écartelé au 1er d'azur au drapeau en barre d'argent ferré, cravaté, batonné et frangé d'or, tenu vers le milieu du fut par un dextrochère aussi d'argent mouvant de dextre; au 2e de gueules au signe des barons militaires: au 3e, d'or à une forêt de sinople terrassé du même: au 4e, d'argent à deux montagnes de sable, séparées par un défilé et mouvant des deux flancs de l'écu.*

FORESTIER (Antoine), baptisé à Aix en 1768, le 13 avril. Il était avocat lorsqu'en septembre 1792, il fut élu capitaine de chasseurs dans la Légion des Allobroges. Folliet dit qu'il remplit pendant quelque temps la charge de juge militaire de police à l'armée des Pyrénées-Orientales. Il mourut, en 1795, de fatigues et d'épuisement, après avoir fait campagne en Espagne.

FORESTIER (François-Louis), né à Aix, le 3 mars 1776. Il signa son engagement dans les chasseurs de la Légion des Allobroges, le 13 août 1792, et quoique âgé seulement de dix-sept ans, fut nommé, le sept décembre suivant, lieutenant. C'est avec ce grade qu'il prit part au siège de Toulon, où il fut blessé à la jambe droite d'un éclat d'obus. La légion ayant été versée ensuite dans l'armée des Pyrénées-Orientales, Forestier prit part à la compagne entreprise contre l'Espagne, et fut promu au

---

2o La *Revue Savoisienne*. 1875, page 53;
3o Jules Philippe. *Les Gloires de la Savoie*, pages 88-90;
4o André Folliet. *Les Volontaires de la Savoie*, pages 142-198;
5o Comte de Foras. *Armorial.*

grade de capitaine, le 14 prairial an II, dans le bataillon des carabiniers. Le 30 messidor, avec deux compagnies, il soutint la retraite de la division Charlet, et défendit Campredon. Il se distingua ensuite en Italie, à l'assaut de la redoute de Saint-Jean, près de Cèva, le 25 juin 1796, où il eut une jambe cassée d'un coup de feu. Sa santé rétablie, il prit part à la prise de Rome et de Naples, avec la 27e demi-brigade légère, depuis septembre à la fin de décembre 1798.

Adjoint à l'état-major le 25 janvier 1799, et chargé de se rendre au quartier-général de Championnet, à Pescara, il traversa les lignes ennemies, franchit quatre-vingts lieues de pays insurgé, et arriva à destination après avoir perdu la moitié de son escorte. Après la capitulation du fort Saint-Elme (12 juillet 1799), ayant fait campagne dans le nord de l'Italie, il fut cité à l'ordre du jour de l'armée, pour avoir fait, le 28 novembre 1799, trois cents prisonniers autrichiens. L'année suivante, il combattit encore les Austro-Russes, fut envoyé de Crémone à Brescia, et passa le premier l'Adda. Aide-de-camp du général Duhesme, il suivit cet officier supérieur à l'armée gallo-batave, et l'accompagna à Lyon avec le grade de chef d'escadron. Quelques temps après, étant aide-de-camp du général César Berthier, il passa aux armées d'Italie et d'Allemagne, fut blessé à la main droite d'un coup de feu à Raab, et créé Baron de l'Empire, le 20 août 1810, avec la croix d'officier de la Légion d'honneur, deux jours après.

Après avoir fait la campagne de Russie, et avoir encore été blessé à Krasnoë, d'un coup de biscaïen à la jambe gauche, il fut nommé général de brigade, le 9 novembre 1813. Il suivit ensuite le mouvement de retraite de Franckental en France, prit le commandement de la division Vial, fit des prisonniers à Hanau et fut blessé de nouveau à la bataille de Brienne, le 29 janvier 1814. Il mourut peu de temps après des suites de sa blessure.

Les armoiries qui lui furent données, avec le titre de baron de l'Empire, sont ainsi décrites : *Coupé au 1er parti d'or et de gueules, l'or a trois tourteaux d'azur et de gueules au signe des barons militaires : au 2e d'azur au lion bandé d'argent et de gueules de huit pièces.*

L'existence des deux braves généraux Forestier, jette un certain éclat sur leur famille, et honore le pays qui les a vu naître.

FORESTIER (Jean-Jacques), baptisé à Aix, le 31 janvier 1780. Après avoir soutenu sa thèse doctorale, devant la Faculté de Montpellier, en 1808, il servit avec distinction, et en qualité de médecin-major, dans les hôpitaux militaires français en Espagne, pendant la première occupation de la Péninsule. Il était médecin en chef de l'hôpital français de Séville, lorsqu'il reçut de l'Empereur, en récompense de ses services, la croix de chevalier de la Légion d'honneur. Vers la fin de l'Empire, il revint à Aix, où il mourut le 22 juillet 1846, après avoir exercé la médecine auprès des baigneurs et malades étrangers. De son mariage avec Jeanne Domenget, il eut un fils dont il sera parlé ci-après.

FORESTIER (Jean-Baptiste). Il exerce la profession de notaire à Aix, de 1810 à 1822, et vit encore en 1837. De son mariage avec Marie Domenget, il eut trois fils, que voici :

FORESTIER (Pierre-Gaspard), né à Aix, le 23 juillet 1807, directeur de la poste en cette ville de 1823 à 1837, notaire de 1841 à sa mort, secrétaire de ville de 1845 à 1848. Un fait qui prouve la considération attachée alors à la charge de notaire, c'est qu'au procès-verbal de la visite pastorale faite dans cette ville, par Monseigneur Martinet, le 19 mai 1833, il est dit qu'à la procession le dais fut porté par la corporation des notaires. Le notaire Forestier, décédé à Aix, le 29 avril 1864, a laissé deux fils de son mariage avec Mademoiselle Marie Fontaine :

1° *Claudius*, avocat, chef du cabinet du ministre de l'agriculture et du commerce en 1887, décoré en décembre de la même année, de la croix de la Légion d'honneur. Il a épousé Mademoiselle Barbe, sœur du ministre dont nous venons de parler ;

2° *Jean*, conservateur du bois de Vincennes, dès 1887, environ, puis du bois de Boulogne dès le 1er janvier 1898.

FORESTIER (Claude-Nicolas, dit **Claudius),** né à Aix le 3 juillet 1810. Il fut élève du célèbre abbé Sicard, puis professeur à l'Institution des Sourds et Muets de Lyon. Il est directeur des études en 1840. En 1841, ayant épousé Mademoiselle Agathe Comberry, fille de l'ancien directeur, il devint directeur lui-même de l'institution, quoiqu'il fut sourd et muet. Plus tard, étant veuf, il se remaria avec Mademoiselle Caroline Mogna. Il conserva la charge de directeur des Sourds et Muets jusqu'à sa mort, et rendit de grands services à la jeunesse formée au langage et instruite dans cette utile institution. Il est décédé à Lyon le 15 février 1891, à l'âge de quatre-vingt-un ans. On a de lui quelques ouvrages d'éducation estimés, entr'autres :

1° *Petite Histoire sainte*. Périsse, Lyon, 1852;

2° *Cours complet et méthodique d'enseignement pratique des sourds et muets*. Lyon, Périsse, 1854;

3° *Leçons sur l'emploi de l'interrogation sous toutes ses formes*. Lyon, Périsse, 1856, in-8°.

FORESTIER (Jean-Baptiste), avocat, directeur de la poste de 1837 à 1858, directeur de l'établissement thermal à Aix de 1858 à 1860, entreposeur des tabacs à Chambéry, où il mourut le 10 septembre 1872, âgé de cinquante-neuf ans. De son mariage avec Mlle Claudine-Caroline Mogna, contracté le 22 septembre 1840, il a laissé cinq fils, dont voici l'aîné.

FORESTIER (Pierre-Gaspard). Il fit son stage au barreau de Chambéry en 1869 et 1870, puis il fut à Lyon exercer la profession d'avocat pendant quelques années. Vers la fin de 1886, il se rendit à Paris et se fit inscrire au tableau de l'ordre des avocats à la Cour d'appel. C'est dans cette ville qu'il mourut le 6 mars 1899, et que ses obsèques eurent lieu deux jours après, à l'église Saint-Germain-des-Prés. Son corps a été ensuite transporté à Aix, et inhumé dans le tombeau de sa famille le dix du même mois. Il épousa Marie-Geneviève Pradée. C'est lui et ses frères qui vendirent à Milady Walhey, la Maison du Diable et divers terrains situés à côté, où la Reine d'Angleterre avait projeté de bâtir une résidence royale.

FORESTIER (Auguste), fils de Jean-Jacques, reçu docteur-médecin de l'Université de Turin en 1843, le 24 juillet, puis médecin-major de deuxième classe dans la Brigade de Savoie. En 1852, il quitta l'armée et vint se fixer à Aix pour faire de la médecine balnéaire. Il est décédé à Lyon, à l'âge de soixante-sept ans, le 27 novembre 1884, après une longue et cruelle maladie nerveuse, et a été inhumé à Aix, le 1er décembre suivant.

Les ouvrages qu'il a publiés ont pour titre :

1° *Le Conseiller du Baigneur*, ou études pratiques sur les vertus des eaux d'Aix en Savoie. Chambéry, Imprimerie du Gouvernement, 1857, in-8°. Cet ouvrage fut réédité à Chambéry, chez Pouchet, en 1864 et en 1866, dans le format in-12;

2° *Nouveau Guide pratique, médical et pittoresque aux eaux d'Aix en Savoie*, ou le *Vade-Mecum du baigneur et du touriste*. Chambéry, Imprimerie du Gouvernement, 1858, in-8°. Cet ouvrage fut réédité à la même imprimerie en 1861, et chez Pouchet, en 1864, in-16;

3° *Les Promenades d'Aix-les-Bains, ou Vade-Mecum du baigneur et du touriste*, septième édition. Imprimé à Chambéry, chez Bottero, en 1870, et réédité à Aix, chez Gérente, en 1876;

4° *Un épisode de la vie du sabre de mon père*. Aix, imprimerie Gérente, in-8°, 4 pages;

5° *La Saison d'Aix-les-Bains*, journal hebdomadaire et humoristique. Imprimé à Aix, chez Gérente, en 1878 et 1879.

FORESTIER (Jean-Baptiste-Joseph-Henri), fils du précédent, né le 11 juin 1861, reçu docteur-médecin de la Faculté de Paris, en juillet 1885, avec la mention *très bien*, pour sa thèse : *Étude clinique sur l'arthrotomie ignef et le chauffage articulaire, appliqués aux grandes articulations du genou et du coude, dans le traitement des arthrites fougueuses de l'enfance*. Quatre mois après, il fut reçu à l'école d'application de médecine militaire du Val-de-Grâce, à Paris, d'où il sortit un an après aide-major au 8e hussards, régiment dit des hussards blancs, en garnison à Vienne.

M. le docteur Henri Forestier s'est fixé à Aix, pour

exercer la profession de médecin, dès son mariage avec Mlle Joséphine, fille de M. le docteur Léon Blanc, célébré en cette ville le 14 août 1888. Parmi ses travaux sur l'art médical, je puis citer son étude sur le *Rhumatisme chronique vertébral, formes cliniques*, qui lui a valu le rappel d'une médaille d'argent en décembre 1899, de la part de l'Académie de médecine de Paris. *Le Traitement thermal d'Aix-les-Bains, la Douche-massage*, recherches urologiques et cliniques. Imp. à Aix, chez Gérente, en 1895; in-8o de 180 pages.

FORTIS (Charles), marchand, conseiller municipal et bourgeois de la ville d'Aix en 1759. Il eut pour fils, très probablement, le personnage suivant :

FORTIS (François-Marie, comte de), né à Chambéry le 2 mars 1768, avocat général à la Cour d'appel de Lyon, chevalier de la Légion d'honneur et de l'ordre royal des Saints-Maurice et Lazare, créé comte par patentes royales du 16 août 1825, membre de l'Académie de Savoie et de plusieurs autres Sociétés savantes, décédé à Paris le 24 janvier 1847. Ce fut un écrivain aimable et gracieux, qui a contribué à faire connaître Aix et ses eaux thermales, en publiant son ouvrage : *Amélie* ou *Voyage à Aix-les-Bains et aux environs* (2 vol. in-8o, 1829). Le comte de Fortis avait épousé Mlle Antoinette Vionnet, décédée à Aix le 5 septembre 1849 (1).

FOURNIER (André), directeur-fondateur de l'Asile évangélique d'Aix, décédé à Hyères le 16 avril 1887,

(1) Voyez *Mémoires de l'Académie de Savoie*, 2e série, tome I, page 109. — V. *Mémoires de la Société savoisienne d'hist. et d'arch.*, tome XVII, page 333.

à l'âge de cinquante-un ans. Ce fut un homme charitable, zêlé pour le bien, et qui a su mettre sur un bon pied l'asile qu'il avait fondé.

FRAISON (François), chanoine de la Collégiale d'Aix, nommé desservant de Tresserve le 25 juin 1708, pour trois ans. En 1710, le Chapitre lui refuse sa prébende parce qu'il n'assiste pas au chœur et demeure chez le marquis d'Aix. Sa vigne est mise en option à cause de son décès, le 1er mars 1719.

FRANÇOIS (Jacques), receveur des gabelles au Pont-de-Beauvoisin en 1783. Il est propriétaire du château de Saint-Paul-sur-Aix, aujourd'hui villa Chevalley, qui passa dans cette dernière famille, par le mariage de Mlle Ursule François avec M. Amédée Chevalley.

FRANÇOIS (Pierre), né à Aix, médecin, directeur de l'hôpital militaire de Conflans, en 1794, c'est-à-dire au moment où l'armée des Alpes, commandée par le général Kellermann, cherchait à entrer en Piémont par le Mont-Cenis. Plus tard, étant fixé à Aix, le docteur François s'occupa d'expériences agricoles, avec M. Chevalley, et fut reçu membre correspondant de l'Académie de Savoie. Il faisait aussi partie de la royale Chambre d'agriculture et de commerce de Chambéry, en 1819, lorsqu'il introduisit en Savoie la charrue belge. Il est décédé le 20 mars 1845, à l'âge de soixante-quinze ans. De son mariage avec Jacqueline-Marie-Pauline Ducoin, il eut :

FRANÇOIS (Joseph-Louis-Marie-Ferdinand), né à Aix le 16 avril 1806, reçu docteur de la Faculté de médecine de Paris en 1832, naturalisé français le 6 novembre 1833. Apprécié et entraîné par Saint-Simon, Fourrier et Mme Sand, il s'occupa plus à Paris de politique et d'économie que de médecine, dit le docteur L. Guilland. Il fut quelque temps rédacteur et propriétaire de la *Revue indépendante* et du *Républicain du Centre*, et refusa, dit-on, en 1848, la préfecture du Rhône. Il mourut à Neuilly en décembre 1868 (1).

FRANÇOIS (Charles), directeur de la Société d'assurance contre l'incendie, *la Mutuelle*, conseiller divisionnaire du canton d'Aix le 4 décembre 1848, et conseiller délégué de la même commune de 1850 à 1853.

FRANÇON (Abel), interne des hôpitaux de Lyon, lorsqu'il épousa, le 10 novembre 1886, Mlle Antoinette, fille de M. le docteur François Vidal. Il vint ensuite se fixer à Aix pour exercer la médecine balnéaire.

Il a publié les ouvrages ci-après :

1° *De l'opération du phimosis chez les diabétiques.* (*Lyon médical*, 1886, page 242);

2° *Des mouvements péristaltiques de l'estomac dans la dilatation secondaire de cet organe* (*Lyon médical*, 1887, page 479);

3° *Ictère chronique. Tumeur biliaire. Cholecystotomie. Autopsie. Cancer du Pancréas* (*Province médicale*, 1887), page 454;

4° *Six cas de sciatique avec scoliose croisée*, guéris par le traitement thermal d'Aix-les-Bains. Lyon, Association typographique, in-8° de 40 pages.

(1) Voir le *Courrier des Alpes*, n° du 15 décembre 1868, où est reproduit un article biographique de M. Carnot, publié par le *Siècle*. — Voir aussi le *Journal des Connaissances médicales*, de M. le docteur Caffe, son ami, du 20 décembre 1868.

FRARIER (Guillaume), chanoine d'Aix. Il échange son canonicat avec révérend Bellod, l'an 1673, le 7 juillet.

FRÉNOY (Antoine-Émile-Alexandre). Après avoir fait ses études médicales dans les écoles de médecine militaire de Strasbourg et du Val-de-Grâce, il fut envoyé, comme aide-major, en Algérie, où il a successivement fait son service dans les hôpitaux de Constantine, Guelma, Tebessa et Biskra. En 1869, ayant été nommé médecin-major d'un régiment de cuirassiers, il revint en France et tint garnison à Vendôme. Il passa ensuite dans un régiment d'artillerie de la garde, à Versailles. Dans la campagne de 1870, on le trouve à Metz, puis à l'armée du Nord, et enfin, l'année suivante, en Afrique avec le corps commandé par le général de Galiffet, chargé de réprimer l'insurrection arabe. Sa conduite dans cette expédition lui valut la croix de chevalier de la Légion d'honneur.

Rentré de nouveau en France, il continua ses fonctions de médecin-major jusqu'en 1876, puis il donna sa démission pour venir s'installer à Aix-les-Bains, dans un chalet qu'il avait fait construire au boulevard de la Roche-du-Roi (1878). Le docteur Frénoy est mort à Aix-les-Bains, le 17 juin 1884, à l'âge de quarante-un ans, et son corps, après des funérailles civiles, a été transporté à Paris. Il était membre de la Société de médecine pratique de Paris, et de la Société polymathique du Morbihan. On doit au docteur Frénoy les publications suivantes :

1° *Déluges périodiques;* étude préhistorique. 1878, in-8° de quarante-sept pages; Gérente, imprimeur;

2° *Syphilis et blennorrhagie.* Mémoire présenté à la

Société médicale de Paris. Imprimé à Aix, chez Gérente, en 1877;

3° *Action physiologique des eaux d'Aix*. Imprimé à Aix, chez Gérente, en 1878.

FROMENT (Michel), médecin et bourgeois d'Aix, décédé le 21 février 1664, à quatre-vingt-seize ans. De son mariage avec Humberte Girod, il eut Jeanne-Claude, mariée à Pierre-Louis Malescot, adjudant de la Chambre de Son Altesse la princesse de Carignan, en 1633.

FROMENT (Etienne), médecin et bourgeois d'Aix, mort le 18 février 1697. Il fut marié, le 4 juin 1686, à Marie Bertrand. Le docteur Léonard Bertrand, frère de celle-ci, avait épousé la sœur du docteur Froment Etienne. La maison possédée par les deux familles était située sur la place des Bains. Elle passa par la suite, dit le docteur L. Guilland, aux Fleuret et aux Landoz, et fut démolie, en 1855, pour l'agrandissement des thermes.

FRUMY (Claude), maître chirurgien à Aix, mentionné dans le procès-verbal de dépôt du testament de Marguerite-Michal Cagnol de la Chambre, comtesse de Loche, du 6 novembre 1742. Il avait épousé, en 1740, Françoise Laplace, veuve de Jean-Louis Dégaillon, et fut inhumé dans l'église d'Aix, le 25 octobre 1747.

FRUMY (Gaspard), fils du précédent, également chirurgien à Aix en 1741.

FURBITI (Claude), chapelain d'Aix en 1533. J'ignore s'il est de la même famille que Guy Furbiti, célèbre prédicateur à la même époque, dont parle Grillet, dans son *Dictionnaire historique*, à l'article : *Montmélian*.

GACHE (Georges), naquit à Aix le 14 mars 1805, fit ses premières études au petit séminaire de Saint-Louis-du-Mont, près de Chambéry, puis les continua au grand séminaire de cette ville, avec la pieuse intention d'entrer dans l'état ecclésiastique. Cependant, après quelques temps d'épreuves, l'indépendance de son caractère lui fit abandonner ce projet. Il prit alors sa licence ès-lettres, et débuta dans la carrière de l'enseignement, par être professeur au collège de Belley. Successivement ensuite, il enseigna la littérature à Nantua (1824), Saint-Chamond, Gap et Lyon.

Il se retira, vers 1850, avec une modeste pension de six cents francs, pour soigner sa vieille mère et s'adonner aux œuvres charitables. En qualité de membre de la *Congrégation de Charité* (appelée plus tard, après l'annexion de la Savoie à la France, *Bureau de bienfaisance)*, et de la *Société de Saint-Vincent-de-Paul* (1), il fit un bien

(1) Cette société fut créée à Aix, en 1852, par MM. Augustin Cochin et de Guinaumont, venus dans cette ville pour leur santé, mais elle cessa d'exister après la mort de son zélé président, M. le docteur Louis Guilland, en 1884.

modeste, mais considérable au milieu de la classe pauvre d'Aix, qui lui en garde le meilleur souvenir. En avril 1851, il accepta les fonctions de secrétaire-économe de l'Hospice de la Reine-Hortense, qui devaient faciliter encore son attrait pour le soulagement des malheureux.

« Gache a écrit parfois avec une certaine originalité « de fond et de forme, dit M. le docteur Louis Guilland (1), « mais surtout avec une constante préméditation d'édifi- « cation de son prochain. » Sa première publication fut un *Essai lyrique*, dédié à M. de la Martine, recueil de vers imprimé en 1824 (2). La même année, il mit au jour trois pièces de vers relatives au voyage de la Famille royale en Savoie, sous ce titre : *Chants de la Patrie, aux Princes de Savoie* (Imprimé chez Bottero, à Chambéry). En 1839, il publia de nouvelles poésies avec ce titre : *Un Souvenir du passé religieux de la France*, ou l'église de la vieille abbaye de Nantua (Imprimé à Bourg, chez Bottier. In-8o de 152 pages, avec trois dessins de Leymarie). Quelques années après, Gache fit paraître *Le dernier jour du monastère d'Haute-Combe*, épisode de 1792, au point de vue chrétien (3). Cette œuvre littéraire, dédiée à Son Altesse Royale la duchesse Marie-Adélaïde de Savoie, eut un certain succès à l'époque, par sa verve et la délicatesse de sentiment qu'on y trouve. Enfin, sa dernière œuvre poétique fut imprimée à Chambéry, en 1858, le 1er mai, sous ce titre : *Notre-Dame des Eaux à Aix-les-*

(1) Notice insérée dans l'*Almanach du Laboureur*. 1878, p. 15.

(2) *Le Journal de Savoie*, en a reproduit quelques-uns, dans son numéro du 2 juillet 1824.

(3) Imp. à Paris chez Vray et de Surcy. 1845. In-12 de 216 pages. — M. Albert Montémont dans son *Voyage aux Alpes et en Italie*. tome III, p. 169, cite une partie de ce poème.

Bains. Ce petit poème en l'honneur de la Sainte-Vierge, fut vendu au profit de l'œuvre de *Notre-Dame des Eaux,* soit l'œuvre des baigneurs indigents.

M. Gache est décédé à Aix, le 6 octobre 1874, laissant un testament où l'on trouve encore des preuves des sentiments chrétiens et charitables qui animaient cet homme de bien. Ainsi, il a laissé une somme de 30.000 francs, pour la construction de la nouvelle église paroissiale d'Aix; plus une autre somme de huit mille francs, pour loger, nourrir et entretenir un infirme pauvre de la commune, à l'Hospice de la Reine-Hortense, et enfin une autre somme encore pour les écoles communales (1). Selon son désir, on a gravé sur la tombe de ce saint homme le quatrain suivant, qu'il composa lui-même à cette fin :

« *Enfant de la Savoie, élevé par la France,*
« *J'ai vécu pour aimer l'Église et la souffrance!*
« *L'une et l'autre d'accord m'ont valu la faveur,*
« *De vivre et de mourir aux pieds du Dieu sauveur.*

Ajoutons, pour terminer, que vers 1857, Gache donna un article bibliographique sur la *Paix et la trêve de Dieu*, de M. Sémichon; un autre article sur la *Philosophie de saint Thomas d'Aquin;* enfin une appréciation de l'œuvre littéraire de Victor de Laprade.

GACHET (Antoine), notaire à Aix en 1465.

GAILLARD (Claude-Thérèse), né à Aix, avocat au Sénat de Savoie, témoin à un acte du 6 août 1778. La famille Gaillard est représentée au Viviers, à Aix et au village de Lafin.

(1) Voir la *Savoie thermale*, nº 30 de l'année 1877.

GAILLARD (César), fils de Jean-Baptiste, né à Aix, reçu docteur en médecine à l'Université de Turin, le 31 juillet 1851. Il vit maintenant retiré dans sa campagne du Viviers, et n'exerce plus la médecine depuis longtemps. Il a publié :

1o *Note clinique sur l'action des eaux d'Aix, etc.* Chambéry, imp. Puthod, 1855, in-8o de 32 pages;

2o *Recherches cliniques* sur l'action des eaux d'Aix dans le traitement des paralysies. Aix, imp. Bachet, 1861, in-8o de 32 pages (1).

GAILLARD (Louis), né à Aix-les-Bains, le 18 octobre 1860. Reçu dans l'ordre des RR. PP. Jésuites, le 17 octobre 1881. Il est de résidence à Dôle (Jura).

GALLES (de), famille noble ayant existé autrefois à Aix, et dont parle M. de Foras (2). Il croit qu'elle remonterait à noble François de Gallaz, d'Aix, qui vivait antérieurement à l'année 1519. Elle possédait des biens et une campagne à Pougny, d'autres biens à Aix, Mouxy, Drumettaz, Trévignin et Grésy, une rente féodale, *dite de Galles,* en Chautagne, rénovée en faveur de Pierre de Galles, en 1608. Les biens de cette famille passèrent par alliance dans la noble famille du Crest. Le 7 juin 1759, noble Jean-Baptiste du Crest les vend en grande partie au docteur Fleury, comme nous l'avons expliqué à l'article de celui-ci. Les armoiries portées par les de Galles sont : *de sables à 12 billettes d'argent, au lion d'or rampant sur le tout.* De cette famille sont :

---

(1) Voir L. Guilland. *La Bibliographie d'Aix*, p. 67. — *Le Bulletin de la Société médicale de Chambéry*. 1874, p. 79. — Le *Courrier des Alpes*, année 1864.

(2) *Armorial et Nobiliaire de Savoie*. 3, p. 38, 39.

GALLES (Perceval de), dit Girard, bourgeois de la ville d'Aix, mort avant 1615.

GALLES (Alexandre de), bourgeois de la ville d'Aix, fils du précédent. Il passe reconnaissance de ses biens de Mouxy le 8 août 1615, marié à Françoise Masson, inhumée à Aix le 1er mars 1634. Il eut deux fils morts en bas âge.

GALLES (Pierre de), bourgeois de la ville d'Aix, et propriétaire d'une campagne à Pougny. Il vend un jardin de deux fosserées, de concert avec Jacques Masson, son frère utérin, à Louis de Seyssel, marquis d'Aix, pour le prix de 366 florins 8 sols, le 16 février 1609. Ce jardin était situé derrière la tour et près des murailles de la ville d'Aix.

Le 8 décembre 1617, il reconnait tenir en arrière-fief de Louis de Seyssel, marquis d'Aix, sa rente de Chautagne. Le manuscrit du châtelain Domenget, porte qu'il mourut à Aix, le 11 avril 1644, à deux heures du soir, et fut inhumé le lendemain. Il eut de son mariage avec Charlotte, fille d'André de Poipon (ou Poypon), famille existant à Mouxy, cinq filles (1) : *Bénigne, Gasparde, Marguerite,* religieuses clarisses à Moûtiers. Leur entrée en religion est du 26 janvier 1662; elles apportèrent chacune 3.000 florins. *Françoise,* mariée selon contrat dotal du 7 septembre 1660, à noble Claude Dantel du Trin, seigneur de Revel, gentilhomme de la maison de Madame Royale, commandant de Verceil en 1669, gouverneur de Fossan en 1674. Sa mère lui donne tous ses biens en 1669. On voit dans son testament, qui est de la même année,

(1) Charlotte de Poipon mourut à Aix le 11 août 1677.

qu'elle veut être inhumée dans l'église d'Aix, au tombeau de ses prédécesseurs, près de la porte d'entrée, et qu'elle laisse tous ses biens à sa sœur Aimée et à sa nièce Charlotte du Crest. *Aimée,* qui épousa noble Pierre du Crest, co-seigneur de Cerbeuil, d'une famille de Cruseilles, le 1er février 1665. Ils testent le 15 janvier 1702, et veulent être inhumés dans leur chapelle à Cruseilles.

GALLES (Étienne de), chirurgien à Chambéry, en 1680, marié à Adriane Durand, dont il eut *Claude,* baptisé à Chambéry le 28 février 1668. On trouve encore une *Philiberte* de Galles, marraine à Aix en 1629; une dame Falconnet, née de Galles, sépulturée à Aix, le 3 mars 1629.

GARIN (François), chanoine de la Collégiale d'Aix en 1637, inhumé dans l'église de cette ville, le 13 juin 1644.

GASTON (Rémy), docteur-médecin établi à Aix dès 1886, environ; chevalier de la Légion d'honneur.

GAY (Joseph), fils de François, d'une famille d'Aix. Il fut ennobli par le roi, vers 1766, pour avoir fondé à Chambéry une fabrique de soie. Il acheta, le 2 avril 1775, d'Henri de Chabod, baron de Crête, seigneur de Chitri, brigadier commandant *Savoie-Infanterie,* la baronnie et le château de Lupigny, près de Rumilly, pour le prix de vingt-cinq mille livres de Savoie, et trente louis d'or neufs d'épingle. Ce fief passa, en 1788, à noble Michel-Joseph Bardy, secrétaire d'état, qui en est investi le 30 mai 1791. Joseph Gay mourut à Rumilly, le 8 avril 1783, âgé de cinquante-neuf ans; il était alors veuf de Louise Galley.

GAY (Joseph), fils de Paul, de la même famille, fut syndic de la ville d'Aix en 1789 (1).

GENTHONIS (Jean), doyen de la Collégiale d'Aix en 1519 (2).

GENEVOY ou GENEVOIS (Claude), notaire et bourgeois de la ville d'Aix. Il reçoit le testament d'Alexie de Lanfrey, veuve de Guillaume de Mouxy de Grésy, le 16 décembre 1554, et d'autres actes jusqu'en l'année 1560.

GEORGES (François-Jérôme), chanoine de la Collégiale d'Aix le 12 octobre 1732, procureur du Chapitre en 1733 et 1734, nommé desservant de Tresserve en 1735, le 30 juin, pour trois ans.

GERBAZ (Pierre), chanoine de la Collégiale d'Aix en 1623 et 1635.

---

(1) Le 23 thermidor an VI, le commissaire du pouvoir exécutif de l'administration centrale du département du Mont-Blanc annonce au Ministre de l'Intérieur, que cette administration a nommé le citoyen Gay Joseph, commissaire du pouvoir exécutif près de l'administration municipale du canton d'Aix. Signé : Garin (Paris, Arch. nationales). D'autre part, on trouve le même personnage (né le 24 janvier 1754), qualifié d'ex-commissaire du gouvernement, épicier, greffier du juge de paix (Etat du 8 prairial an XI).

En 1827, Mademoiselle Delphine Gay et sa mère Madame Sophie Gay, viennent à Aix pour rendre visite à M. Joseph Gay, cousin germain de leur père et mari, feu Sigismond Gay, ancien receveur général et banquier. Mademoiselle Mary Gay, sœur de Sigismond, épousa M. Allard, le conventionnel. La famille Gay est encore représentée à Venise, où elle a un peu modifié son nom, en la personne de M. Ghé, directeur de l'administration royale au palais des Doges, et de ses nombreux enfants.

(2) Voir mon *Histoire d'Aix*, tome I, page 504.

GÉRENTE (Pierre-Anatole). Par acte du 7 avril 1875, Desportes, notaire, il acquit de M. Joseph Bachet, l'imprimerie fondée à Aix par celui-ci, en 1859.

M. Gérente a le mérite de l'avoir agrandie et perfectionnée, au point qu'elle peut rivaliser maintenant avec les établissements provinciaux les mieux outillés. Il a déjà obtenu diverses distinctions pour ses travaux ; citons seulement la médaille d'or qui lui a été décernée, en mars 1893, à l'Exposition internationale de Monaco, pour ses publications sur Aix, et ses travaux de luxe, en couleurs, en lithographie et en typographie.

Il y a dix-neuf ans, il fonda *L'Avenir d'Aix-les-Bains*, journal bi-hebdomadaire pendant la saison d'été, hebdomadaire pendant l'hiver. Cette feuille, dont M. Gérente est toujours le propriétaire-directeur, a beaucoup contribué à la prospérité de la ville d'Aix. M. Gérente est aussi directeur-gérant de la *Liste officielle des Étrangers*, qui parait depuis quatre-vingts ans. Il édite aussi le *Guide-Annuaire aux Eaux d'Aix*, qui, en 1901, atteindra sa dix-septième année d'existence.

De ses presses sont sortis quantités de brochures et ouvrages importants, que l'on trouve à la Bibliothèque de la ville d'Aix. En outre, il a édité un travail important intitulé : *Catalogue des plantes des environs d'Aix-les-Bains*, de M. C. Pin, d'Albens.

M. Gérente a été élu conseiller municipal en 1900.

GIGOT (Jean-Nicolas), fils de Charles-Alexandre, né au Mans (Sarthe), le 6 octobre 1747, docteur en médecine de l'Université de Besançon. En 1771, il fut nommé chirurgien-major du régiment d'Orléans-Cavalerie, et conserva cet emploi jusqu'en 1792, époque où il fut envoyé à l'armée des Alpes. Le 1er germinal an IV, il est nommé chirurgien en chef de l'hôpital de Dunkerque, et en l'an IX de celui d'Amiens. En 1803, il vint se fixer à Aix et à Saint-Innocent. Son contrat de mariage avec Henriette Judor, fut passé à Aix le 22 avril 1806, François Dronchat, notaire. Il mourut dans cette ville, vers 1831, laissant un testament du 5 juillet 1826, Forestier, notaire.

De son mariage avec Mademoiselle Judor, il eut deux fils et quatre filles. L'une de celles-ci, appelée Joséphine, épousa le chevalier André-Paul Moreau, chirurgien-major à l'école militaire de Saint-Cyr, acquéreur, à l'époque de la Révolution, du château et de la terre de Saint-Innocent, appartenant à la famille des d'Orlier, marquis de Saint-Innocent, pour le minime prix, dit-on, de neuf mille francs. Ces biens passèrent, plus tard, à *Léonard-Félix* Gigot (1), fils de Jean-Nicolas, qui les revendit en grande partie au baron Charles-Artus de Silan, fils majeur de Dominique-Augustin, né à Seyssel, par acte du 25 août 1837, Jean-Baptiste Forestier, notaire, pour le prix de quatre-vingt-dix-huit mille francs. Cette vente comprenait le château et soixante-dix-neuf journaux de Savoie (2) y attenant d'un seul mas. En 1875, par un autre acte, Desportes, notaire, Monsieur Gigot vendit le reste des immeubles provenant du marquisat de Saint-Inncccent, et consistant principalement en une ferme sur la montagne de Corsuet, à M. Jay, marchand de domaines, pour le prix de cinquante-deux mille francs. M. Jay revendit de suite ces immeubles, au baron de Silan, soit à son gendre, M. de la Rupelle.

M. Léonard-Félix Gigot a laissé une fille, non mariée,

(1) Il ajoutait quelques fois à son nom celui *de Villefaigne*.

(2) Le journal de Savoie est de 29 ares 48 centiares.

et un fils, joaillier à Paris, propriétaire du château de Bourdeau, sur le lac du Bourget.

GIMET (François-Sylvestre), né en 1846, le 30 décembre, à Châteauneuf de Gadagne (Vaucluse), employé à la préfecture de Savoie en 1863, agent-voyer cantonal successivement au Pont-de-Beauvoisin, à Aix (1872-1878), puis à Saint-Jean-de-Maurienne. Il se fixa ensuite à Aix et devint adjoint de la ville (18 mai 1884 à février 1889), et fut élu maire en 1892. M. Gimet a été quelque temps juge de paix à Alby (Haute-Savoie), et remplit encore les mêmes fonctions à Albens depuis 1890. Il a été fait officier d'académie, par M. Carnot, président de la République, à Aix, le 5 septembre 1892, et chevalier de l'ordre royal du Sauveur, de Grèce, le 28 août 1894.

GIRARD (Humbert), de Saint-Jean-de-la-Porte, notaire à Aix en 1405 et 1410.

GIROD (Antoine), chirurgien à Aix en 1618. Il épousa en premières noces Jeanne-Claude Ribitel (1), et en secondes noces, le 16 avril 1651, une demoiselle de Grenoble. Le châtelain Domenget raconte dans ses Mémoires que le docteur Girod mourut le 17 octobre 1656, « et que le mettant dans son sépulcre, devant l'autel de « Saint-Jehan, on a voulu remuer le corps de sa première « femme, et l'on l'a trouvé tout entier, sa chair ferme et « blanche, les cheveux fermes à la tête, et la sortant de « la caisse est demeurée tout entier, les mamelles fermes, « que plusieurs personnes sont entrées pour manier le « corps, estant là depuis le mois d'août de l'an 1650. »

(1) La famille Ribitel était une bonne famille bourgeoise fixée à Grésy-sur-Aix, là où M. Pillet Antoine, professeur de droit à Paris, habite pendant les vacances.

GIROD (Antoine), fils du précédent, baptisé le 9 mars 1635, chirurgien à Aix, se qualifiant, comme son père, de bourgeois de cette ville, inhumé en 1685, et le 12 octobre. Sa femme, Anne Dubois, fut ensevelie le 31 janvier 1690.

On trouve encore dans cette famille un autre *Antoine,* apothicaire à Aix vers 1700; *Jean-Claude,* fermier général du marquisat d'Aix en 1713; *Sigismond,* notaire, qui stipule dans sa maison de campagne, à Pougny, en 1767.

GODDARD (Antoine-Louis), docteur en médecine à Aix, depuis 1899. Il a épousé en octobre 1900, Mademoiselle Marie-Thérèse Rivollier, de la même ville.

GONIN (Guido), né à Turin, peintre bien connu à Aix. Il a continué avec distinction les traditions de sa famille. Son grand-père maternel, Luigi Vacca, fut chargé en 1829, par le roi Charles-Félix, des peintures de la basilique d'Haute-Combe, qui sont justement appréciées par les étrangers. Le rideau du théâtre de Chambéry, représentant *Orphée aux Enfers,* est une œuvre magistrale du même peintre, également admirée des artistes. M. Vacca, chevalier de l'ordre des Saints-Maurice et Lazare, a laissé encore dans diverses églises du Piémont des peintures religieuses, et fut pendant vingt ans peintre des décors du Théâtre-Royal de Turin.

M. Gonin Francesco, père de Guido, élève du peintre L. Vacca, puis son gendre, peignit sous sa direction le tableau de *La Mise en Croix,* que l'on remarque dans l'une des chapelles de l'église d'Haute-Combe. Puis il devint peintre en titre de la Cour du roi Charles-Albert, qui l'avait en grande estime. Plusieurs de ses tableaux décorent le Palais-Royal de Turin. En 1851, sur les ordres de M. Bias, il exécuta les portraits en pied du roi Victor-

Emmanuel II et de la reine Marie-Adélaïde, qui sont dans le grand salon du Cercle-Casino d'Aix.

Dans sa longue et laborieuse carrière, le peintre Francesco Gonin exécuta encore beaucoup d'autres tableaux et décorations de tous genres, qui l'ont rendu célèbre. Il mourut à l'âge de quatre-vingt-deux ans, chevalier de l'ordre du Mérite civil, de celui de la Couronne d'Italie, et commandeur des Saints-Maurice et Lazare.

M. Guido Gonin, d'abord élève de son père, compléta ensuite ses études à l'académie des Beaux-Arts de Turin. On lui doit de nombreux tableaux admis dans les expositions artistiques de l'Italie, dont deux : *Vita intima* et *La porta segreta*, sont au musée municipal de Turin. Un autre tableau, *Una sventura*, fut un jour remarqué par Sa Majesté la reine Maria-Pia de Portugal, qui en voulut faire l'acquisition et fit alors décorer son auteur de la croix de l'ordre des Saints-Maurice et Lazare.

M. Guido Gonin est professeur honoraire de l'académie des Beaux-Arts de Turin et de l'académie *Rafaello d'Urbino*. Il a collaboré dans divers journaux humoristiques, tels que *Lo Spirito, Il Folletto* de Milan et le *Pasquino*, de Turin, dont les dessins ont rendu son nom populaire en Italie. Peu après le transfert de la capitale à Florence, M. Gonin quitta sa patrie pour se fixer à Paris, où il s'adonne aux ravissants ouvrages de décors que l'on a si souvent remarqués.

M. Gonin appartient à Aix, où il réside tous les ans pendant la saison des eaux, par son mariage et par ses souvenirs de famille.

GONSALIN (Jacques), desservant de la paroisse d'Aix, en 1524 et 1551.

GRAILHE (Baron Alexandre de GRAILHE de MONTAIMA), d'une famille originaire du pays de Gex, ou de la Bresse, décédé à Aix le 5 novembre 1879, à l'âge de quatre-vingt-six ans. Il était établi dans cette ville depuis environ une quinzaine d'années, et avait acheté, près de l'Établissement thermal, la maison de M. le notaire Degallion. M. de Grailhe a laissé une fille, non mariée, appelée *Alexandrine*, morte aussi à Aix, le 17 mars 1882. Dans son testament du 8 mars 1879, on voit figurer un legs de 56.000 francs, pour l'édification de la nouvelle église, et un autre de 10.000 francs pour l'Hospice de la Reine-Hortense; c'est donc une bienfaitrice des œuvres pieuses et charitables d'Aix, et son souvenir restera dans la mémoire des habitants.

GRANGE (Claude de la), doyen de la Collégiale d'Aix (Voyez mon *Histoire d'Aix*, tome I, page 507).

GRANTHORANE, consul français à Chambéry, puis directeur de l'Établissement thermal d'Aix-les-Bains, de juillet 1860 à mars 1861. A cette époque, il fut nommé entreposeur des tabacs, mais il reprit son emploi de directeur des Bains, en mai 1864, et le conserva jusqu'au mois de mai 1878. Ayant pris alors sa retraite, il se retira à Planaise, près de Montmélian, où il est mort dans un âge avancé, en 1894.

GRISARD (Blaise-Henri), architecte de la ville d'Aix, décédé le 7 février 1888, âgé de cinquante-quatre ans. Cet excellent homme a beaucoup travaillé à l'embellissement de la ville et à sa canalisation.

Le Club alpin, le Musée municipal et d'autres améliorations lui doivent des soins particuliers. Il était né à Montmélian.

GROBERT. Dès le commencement du XVIIe siècle, on trouve à Aix plusieurs familles de ce nom. Le châtelain Domenget en cite quelques-unes, les registres d'état civil aussi, mais je n'y trouve pas de personnages à citer jusqu'à :

GROSBERT (François), fils de François (1), né à Aix le 12 février 1763. D'abord soldat au régiment Royal-Italien, en 1784, puis capitaine de chasseurs dans la légion des Allobroges, en 1792; il fut ensuite adjoint à l'état-major de l'armée des Pyrénées-Orientales et blessé d'un coup de feu, sous le fort Saint-Elme, puis congédié en l'an III. Rentré au service en l'an VI, comme aide-commissaire des guerres, il fit la campagne d'Egypte, et devint commissaire des guerres effectif. C'est en cette qualité qu'il prit part à la glorieuse campagne d'Italie, en 1800, et assista à la bataille de Marengo.

Le 30 prairial an IX (19 juin 1801), il fut blessé d'un coup de feu au bas-ventre, dans un combat où il se conduisit avec beaucoup de valeur. En l'an XII, il fut décoré de la Légion d'honneur et réformé; mais, en 1808, il reprit du service dans l'armée de Catalogne, avec son emploi de commissaire des guerres, et fut cité à l'ordre du jour de l'armée *pour son activité et son zèle infatigable, et pour avoir assuré les subsistances des troupes pendant le siège de Girone.*

Rentré en France, en 1812, il fit encore la campagne de 1813, à la Grande-Armée, et celle de 1814, dans l'armée de Lyon. Officier de la Légion d'honneur et chevalier de Saint-Louis, il obtint des lettres de naturalités en 1817,

(1) Celui-ci est fils de Pierre, communier d'Aix, en 1776, et mort avant 1779, et de Marie Poncet.

le 6 novembre, et fut retraité en 1819. Il mourut à Drumettaz-Clarafond, le 18 mars 1843 (1).

GROBERT (Jean-Baptiste), inscrit au tableau des avocats de Chambéry, le 6 juillet 1835, conseiller municipal à Aix en 1858. Il épousa Mlle Angeline Hodel, morte dans sa villa de l'avenue Victoria, à Aix-les-Bains, le 26 janvier 1889.

GROBERT (Jean-Marie), fils du précédent, avocat à Chambéry. Il a épousé, le 26 juin 1888, Mademoiselle Nicolas Marie-Clémence, de Rivesaltes.

GROS (François), né à Saint-Offenge-Dessous, le 28 février 1801, ordonné prêtre le 23 décembre 1826, par Monseigneur Bigex, directeur du grand séminaire de Chambéry, le 26 du même mois, professeur de troisième et quatrième au collège de Rumilly, le 1er novembre 1827, vicaire d'Aix le 10 septembre 1828, curé de Trévignin le 20 avril 1830, curé de Cognin le 1er avril 1832, curé-archiprêtre de Saint-Genix le 17 mai 1839, curé-archiprêtre d'Aix le 16 août 1842, chanoine de la Métropole de Chambéry le 6 novembre 1850, chevalier de la Légion d'honneur le 29 août 1860, doyen du Chapitre le 26 mars 1863, évêque nommé de Tarentaise le 23 septembre 1866, préconisé le 21 mars 1867, sacré dans la cathédrale de Chambéry, par S. E. le cardinal Billet, le 1er mai suivant.

Ayant donné sa démission, en 1872, il fut nommé chanoine de Saint-Denis le 21 octobre de la même année, et se retira à Chambéry, où il est décédé le 8 décembre 1883, jour de l'Immaculée-Conception. Ses funérailles

---

(1) *Mémoires de la Société savoisienne d'histoire et d'archéologie*, tome XVII, p. 345. — Folliet. *Les Volontaires de la Savoie*, p. 355.

ont été faites, le 13 du même mois, à la Métropole de Chambéry, et son corps porté le même jour et enseveli dans l'église de sa paroisse natale, le lendemain, selon les dernières volontés du vénérable défunt (1).

La vie de ce saint et vénérable prélat est encore dans la mémoire de tous ceux qui l'ont connu, et particulièrement dans celle des anciens habitants de la ville d'Aix, dont il a été le pasteur vigilant pendant huit ans.

GROSJEAN, dit LACROIX (Claude), fils de François, d'une famille encore représentée à Aix. Il signe pour la première fois, au registre capitulaire, en qualité de chanoine de la Collégiale, le 30 septembre 1762; on voit encore dans ce registre qu'il fut nommé vicaire d'Aix le 12 mars 1769, et desservant de Pougny en 1776, le 17 avril. Il est cité dans le procès-verbal de la visite pastorale de 1782, comme étant alors archidiacre. Le 24 février 1793, il prête le serment constitutionnel dans l'église d'Aix, à l'issue de la messe paroissiale, devant le conseil municipal, étant âgé de cinquante-six ans. Il prêta aussi le serment imposé au clergé constitutionnel, par Albitte, représentant du peuple en Savoie, mais se rétracta le 18 juillet 1795.

GRUFFAZ (Joseph), de Rumilly, chirurgien à Aix en 1750.

GUILLAND (Jean-François), né au Châtelard en Bauges le 25 février 1773, docteur en médecine de la famille royale en Savoie, mort à Chambéry en 1855, le 9 novembre. Il a pratiqué la médecine à Aix, et était

(1) Abbé Morand. Documents publiés par l'Académie de Savoie, tome VII, page 286.

membre de l'Académie royale de Savoie, qui le reçut le 23 avril 1820 (1).

GUILLAND (Louis), fils du précédent, né à Chambéry, le 6 janvier 1820. Il fit ses premières études au collège royal des Jésuites, à Chambéry, et au petit séminaire de Saint-Louis-du-Mont, puis se rendit à Montpellier pour suivre les cours de la Faculté de médecine. Le 19 mai 1842, ayant été reçu docteur, après avoir brillamment soutenu sa thèse, il revint en Savoie, et s'adonna avec ardeur, tant à Aix qu'à Chambéry, à la pratique de l'art médical. L'activité de son imagination et son amour du travail, lui permirent encore de tourner ses études vers des sujets d'histoire nationale, de littérature, de sciences, d'art et d'administration. Sa *Notice sur l'Hospice d'Aix*, lui valut l'entrée de l'Académie de Savoie, comme membre effectif, le 8 juin 1850, et d'autres travaux l'amenèrent à l'honneur de présider cette société savante, d'abord comme vice-président (1861-1867), puis comme président (1867-1870). Il aurait occupé cette place éminente bien plus longtemps, si une surdité n'était venu l'atteindre, mais cette infirmité ne l'empêcha point de travailler encore avec ardeur pendant plusieurs années. Il fut un des fondateurs de la Société médicale de Chambéry, associé de l'Académie royale de médecine de Turin, et des Sociétés médicales de Montpellier, Lyon, Grenoble, etc., et décoré de l'ordre royal de la Couronne d'Italie, en octobre 1877. Il mourut dans sa villa de Drumettaz-Clarafond, le 22 octobre 1884, et son corps fut inhumé à Chambéry, auprès de celui de son père. Il

(1) Voir sa biographie dans les *Mémoires de l'Académie de Savoie*, 2e série, tome IV, page 67, et le *Journal des Connaissances médicales*, du docteur Caffe, année 1855.

avait épousé, en 1847, Mademoiselle Adèle Chavogny, qui lui a survécu pendant quelques années.

Par sa profession, exercée surtout à Aix, par ses écrits, par la part qu'il a prise à l'administration du canton, comme conseiller d'arrondissement, par les soins qu'il a apporté à l'administration du Cercle et autres affaires du pays, on peut dire qu'il a largement contribué à la prospérité d'Aix.

Le docteur Guilland était non seulement un écrivain, un littérateur, c'était encore un orateur, ou plutôt un causeur et conférencier excellent. Personne mieux que lui ne connaissait cet art si français et si précieux de parler en public, sur le ton de la conversation familière, avec précision et cette richesse d'expression qui captive souvent mieux que l'éloquence. C'est à ce talent qu'il a dû, en partie, l'honneur de présider les sociétés auxquelles il appartenait dans notre pays. Il fut pendant longtemps, et jusqu'à la fin de sa vie, l'âme des sociétés de Saint-Vincent-de-Paul de la Savoie, qui, par leur esprit de bienfaisance et leurs œuvres charitables, ont fait beaucoup de bien aux malheureux.

Le docteur Guilland a donné lui-même la nomenclature de ses nombreux écrits, dans sa *Bibliographie d'Aix en Savoie,* page 71; nous ne reproduirons ici que les titres de ses travaux les plus importants (1).

1° *Notice biographique sur le médecin Daquin* (Discours de réception à l'Académie de Savoie. Inséré au volume 2 des *Mémoires* de cette Société, deuxième série).

---

(1) Voir sur M. Guilland et ses écrits l'ouvrage de F. Rabut : *Les Savoyards de divers états. Les médecins.* Introd. p. 9. Imp. Ménard, 1888, et le tome XXVII des *Mémoires de la Société d'histoire et d'archéologie* de Chambéry, dans lequel sa famille a fait imprimer sa *Biographie des Médecins de la Savoie,* restée à l'état de manuscrit.

2° *Hospice d'Aix-en-Savoie et son Histoire médicale en 1845* (Lyon, Marle, 1846).

3° *Compte-rendu des eaux d'Aix, pour 1858* (Aix, Bachet, 1859).

4° *La nouvelle organisation médicale des eaux minérales de France,* comparée à celle des thermes d'Aix-en-Savoie (Neufchâtel, Fritz-Maroff, 1860).

5° *De l'efficacité des eaux minérales contre la syphilis* (Lyon, Vingtrinier, 1872).

6° *L'inspectorat des eaux minérales* (Lyon, Vingtrinier, 1872).

GUILLAND (Jean), fils du précédent, reçu docteur de la Faculté de médecine de Paris, en 1876. Il exerce la médecine à Aix, où il possède une maison, dominant le Parc, près de l'Asile évangélique. Sa Majesté le Roi de Grèce l'a décoré de l'ordre royal du Sauveur, en juillet 1890, puis l'a nommé officier du même ordre, en août 1898, pour soins médicaux donnés à Sa Majesté. Il a publié : *Des manifestations du rhumatisme sur l'urètre et la vessie* (Paris, Delahaye et Cie, 1876).

GUILLAND (Michel), frère du précédent, licencié en droit, employé au contentieux de l'administration de l'isthme de Panama, en 1884 et 1886.

GUILLET (Joseph), né à Saint-Pierre-d'Albigny, le 1er janvier 1809; ordonné prêtre le 21 avril 1832; nommé vicaire à Coise, le 1er mai suivant; professeur à Saint-Pierre-d'Albigny, le 1er novembre 1832; à Saint-Louis-du-Mont, le 1er mai 1841; curé de Saint-Baldoph, le 18 août 1842; archiprêtre-curé d'Aix, le 20 novembre 1850; chanoine honoraire le 28 novembre 1865; supérieur du grand séminaire de Chambéry, le 1er juillet 1871;

vicaire général honoraire, le 18 septembre 1873; vicaire général titulaire de Monseigneur Pichenot, agréé par décret du 18 juin 1875, et de Monseigneur Leuilleux, en juillet 1881; mort le 4 février 1891. Il a publié : *Œuvre pieuse et charitable de Notre-Dame des Eaux à Aix* (Imp. à Aix, chez Bachet, en 1859, brochure in-8° de 16 pages).

GUIOC, médecin à Aix, pendant la saison des eaux. Vice-président de la Commission d'inspection de l'Établissement thermal, du 25 septembre 1870 au 18 mai 1871.

GUYÉNOT (Paul-Louis), de Césancey, canton de Beaufort (Jura), docteur en médecine des Facultés de Paris et de Londres, membre des sociétés d'Hydrologie, de Paris, de Dermatologie et de Syphiliographie de la même ville, membre correspondant de l'Académie de Savoie, établi à Aix depuis son mariage avec Mademoiselle Eugénie, fille de M. le docteur Louis Bertier, chevalier de la Légion d'honneur, célébré le 3 juin 1893.

M. le docteur Guyénot a d'abord été médecin de quelques-uns des paquebots de la Compagnie Transatlantique qui sillonnent l'Océan, et en cette qualité a séjourné en Australie. A son retour en France, il se fixa auprès des bains de Saint-Gervais (Haute-Savoie), et c'est là qu'il exerçait l'art médical, lorsque survint la catastrophe du 12 juillet 1892, qui coûta la vie à plus de deux cents personnes, et engloutit les Bains. Ayant eu la bonne chance de n'être pas du nombre des malheureuses victimes, mais blessé, il revint auprès de son père, médecin exerçant à Salins (Jura).

M. le docteur Guyénot a publié :

1° *Contribution à l'étude des propriétés thérapeutiques et toxiques du condurango et de la condurangine* (Imp. à Paris, 1889, in-8° de 72 pages);

2° *La Dengue et l'Influenza* (*Journal de médecine* de Paris, 1889);

3° *Eaux minérales naturelles autorisées de France et de l'Algérie*, en collaboration avec le docteur Egasse. (1 vol. in-8° de 600 pages. Imp. de la Société d'éditions scientifiques, Paris, 1892);

4° *De l'action physiologique et thérapeutique de la famille des chlorurées*. Extrait d'une communication à la Société d'Hydrologie médicale de Paris (Imprimerie de la Société d'éditions scientifiques, in-8° de seize pages, Paris, 1892);

5° *Notice médicale sur Saint-Gervais-les-Bains* (Haute-Savoie). Eaux thermales, chlorurées, sulfatées et sulfurées, les plus lithinées connues (Imp. à Vichy, chez Wallon, 1892, in-8° de trente-deux pages);

6° *Notice médicale sur les eaux minérales naturelles de Brucourt (Calvados)*. Eau martiale laxative, sulfatée, calcique, magnésienne, ferrugineuse (Imp. à Vichy, chez Wallon, 1893, in-8° de quatorze pages);

7° *Étude physique des eaux thermales d'Aix-les-Bains*. Thermalité, électricité (Imp. à Paris, chez A. Maloine, en 1895, in-8° de trente-deux pages).

HABERER (Joseph), percepteur de la ville d'Aix, de 1879 à 1894, précédemment à Albertville et au Châtelard. M. Haberer, alsacien, avait opté pour la France.

HELME (François), né à Aix, docteur en médecine à Paris (1891). C'est un laryncologiste distingué et un écrivain de talent. Ses causeries scientifiques dans la *Médecine moderne,* font la vogue de ce journal. *L'Officiel* du 24 mai 1899, contient sa nomination d'officier de l'Instruction publique.

HUMBERT (François-Agricole), originaire du département de l'Ain, fit ses études au collège de Belley, et suivit les cours de médecine aux Facultés de Paris, Montpellier et Lyon. Après un stage comme interne dans les hôpitaux de cette ville, il fut exercer la médecine à Saint-Paul-en-Jarrez (Loire), puis à Rive-de-Gier. Il se retira plus tard à Doizieu (Loire), où il possédait une maison de campagne et fut maire de sa commune jusqu'au 16 mai 1877.

En 1881, il vint se fixer à Aix, comme médecin consultant, pendant la saison thermale. C'est dans cette ville qu'il est décédé, le 17 avril 1893, âgé de soixante-cinq ans, emportant l'estime et la sympathie de ceux qui l'ont connu. Le docteur Humbert était membre de l'Association des médecins, de la Société des sciences, arts et belles-lettres, et de la Société d'agriculture de la Loire et de la Haute-Loire. Il fut directeur, pendant quelques jours, d'un nouveau journal : le *Cosmopolite-Aix-les-Bains-Gazette,* fondé à Aix en juin 1889, mais qui ne vécut pas jusqu'à la fin de la saison.

HUMBERT (Paul), fils du précédent, nommé notaire à Aix, en remplacement de M. Clément, démissionnaire en sa faveur, par décret du 19 mai 1894.

ACQUIER (Jacques), chanoine de la Collégiale d'Aix, en 1751, inhumé dans l'église de cette ville, le 19 août 1751.

JAQUINOT, né à Dôle, d'une famille pauvre et nombreuse. Après le coup d'état du 2 décembre 1851, étant compromis dans les événements politiques, il fut exilé de France, et vécut à Londres du produit des leçons de français qu'il donnait dans cette ville. Après la chute de l'Empire, il rentra en France, et vint trouver à Paris son ami et compatriote, M. Jules Grévy, devenu tout puissant. Le président de la République, après lui avoir successivement procuré plusieurs emplois, le nomma directeur de l'Établissement thermal d'Aix, en avril 1880. Il est mort dans cette ville, le 6 octobre 1886.

JEANDET (Louis), né à Aix, vers 1773. Il est sous-lieutenant au 1er bataillon des volontaires du Mont-Blanc, en 1794 et 1795.

JOIRE (Jean-Louis), chanoine de la Collégiale d'Aix, desservant de Tresserve en 1673, de Saint-Sigismond, dès le 1er décembre 1684, et une seconde fois de Tresserve, dès le 26 juin 1690. En décembre 1692, il fut élevé à la dignité d'archidiacre, qu'il conserva pendant trente-deux ans, c'est-à-dire jusqu'à sa mort. Il fut inhumé dans l'église d'Aix, dans le caveau des chanoines, le 29 avril 1724, à l'âge de quatre-vingt-deux ans.

JORDAN (Jean-Marie), du diocèse de Genève, nommé chanoine de la Collégiale d'Aix, le 25 janvier 1759, mis en possession le 24 suivant, desservant de Trévignin le 13 septembre de la même année. Il se démet de son canonicat, le 3 mai 1762.

JOURDAN (Catherin), recteur de la chapelle de saint Sébastien, dans l'église d'Aix, en 1741. Son titre clérical est du 8 mars 1742. Le 25 juin suivant, il signe en qualité de chanoine au registre capitulaire du Chapitre collégial d'Aix, quoiqu'il ne fut pas encore prêtre, car nous voyons dans ce registre qu'il partit pour Grenoble, le 5 septembre de la même année, pour recevoir la prêtrise. Le 25 juin 1746, il est nommé desservant de la paroisse de Saint-Sigismond, pour trois ans; et le 26 mai 1756, la marquise d'Aix de la Cisterne, comme procuratrice de Joseph-Henri-Octave de Seyssel, marquis d'Aix, le nomme trésorier du Chapitre. Il occupa la charge de promoteur, de 1759 à 1767, et mourut le 7 mars 1769.

JUSSIEU (Alexis de), naquit à Lyon, en 1827, le 2 mars, et appartenait à la famille qu'ont illustré deux savants botanistes. Il débuta par être archiviste dans la Loire et la Charente, puis vint prendre la charge des archives de la Savoie, en 1860. Il en fit le classement et en a publié l'inventaire. On lui doit aussi plusieurs ouvrages qui dénotent son érudition. En 1891, ayant pris sa retraite, il se retira à Aix-les-Bains, où il est décédé, le 11 octobre 1899 (Pour plus amples détails, voir le *Courrier des Alpes*, du 24 février 1900).

LACROIX (Jean), né à Aix, en 1773, sergent de fusiliers au 1er bataillon des volontaires du Mont-Blanc, en 1793, qualifié d'officier en retraite à Aix, dans un acte de 1824.

LANDOZ (Prosper), syndic d'Aix une première fois, de 1756 à 1759, et une seconde fois en 1764.

LANDOZ (Prosper-François), nommé syndic d'Aix, le 26 décembre 1784, pour une année; puis une deuxième fois en avril 1792.

LANDOZ (Louis), fut président du Tribunal de commerce, à Lyon. Etant revenu à Aix, il prit part aux différentes administrations de la ville, et fut président de la Commission administrative des Bains, de 1816 à 1828.

LANDOZ (Jean-Baptiste), né à Aix, en 1773, sous-lieutenant de fusiliers, au 1er bataillon des volontaires du Mont-Blanc. Il fut tué à l'attaque du camp des

Trompettes, dans la campagne contre les Espagnols, le 4 octobre 1793.

LANDRE (Nicolas), chirurgien à Aix, inhumé dans cette ville, le 11 mars 1745.

LANFREY (de). Ancienne famille noble ayant existé à Aix, au xve siècle, et dont les armoiries sont *d'azur à la lamproie ondoyante d'argent périe en pal.* Elle possédait à Aix une rente féodale qui, après l'extinction de cette famille, passa aux de Poipon, de Mouxy, puis à la noble famille Dardier. Noble François Dardier la possédait en 1532. Elle passa plus tard aux de Coudrée, marquis d'Allinges, qui la joignirent à leur terre et seigneurie de Longefan, à la Biolle.

Parmi les membres de la famille de Lanfrey, citons : *Claude,* notaire à Aix, en 1411 ; *Guigues,* qui vit en 1445 ; *Humbert,* qui passe reconnaissance d'une maison qu'il possède à Aix, vers les bains, pour quatorze deniers forts. Le même et Pierre de Vars, frères utérins, reçoivent celle de Pierre Bornier, le 26 mars 1486. Dans le pouillé du diocèse de Grenoble, rédigé en 1488, il est dit que la chapelle de la Bienheureuse Marie de la Consolation, dans l'église du prieuré d'Aix, est de la fondation de ce même Humbert de Lanfrey, et de la présentation de ses héritiers. Il ne laissa, paraît-il, que trois filles : *Péronne,* mariée avant 1507, à François d'Orlier, seigneur de Saint-Innocent et co-seigneur de Damesin. *Bonne,* déjà mariée à la même époque à noble Jean Oddinet, écuyer. *Alexie,* qui épousa, selon contrat dotal du 7 mai 1507, noble Guillaume, fils de Jacques de Mouxy de Grésy. Il est dit dans ce contrat que ses sœurs, héritières de leur père, constituent à Alexie, pour dot, mille florins d'or de la petite livre, chaque florin valant douze gros deniers de Savoie. On y trouve aussi l'énumération de son trousseau.

LASALLE (A.-L.), d'une ancienne famille de la bourgeoisie d'Aix (1), fut syndic de cette ville en 1710. Parmi ses ancêtres on trouve *Sébastien*, qui avait épousé Humberte Gantelet. Celle-ci, qui avait épousé en premières noces Jacques Gruat, teste le 2 décembre 1661, déclarant vouloir être inhumée dans l'église d'Aix, et ordonnant qu'on emploie pour sa sépulture douze torches de cire blanche, d'une demi-livre, et quatre cierges pour la confrérie du Rosaire (2).

LASALLE (Louis-François-Marie), baptisé le 30 septembre 1737, écuyer au service de Sa Majesté très chrétienne. Il est témoin dans un mariage célébré à Aix, le 30 novembre 1777.

LASALLE (René), chanoine de la Collégiale d'Aix, cité dans un acte capitulaire du 28 juin 1751. En 1793, le 17 mars, il eut le courage de refuser de prêter le serment constitutionnel, que la municipalité d'Aix lui demandait, alors que tous ses confrères, réunis dans l'église, avaient la faiblesse d'y souscrire publiquement.

LASALLE (Jean-Antoine), né à Aix, en 1758, le 6 janvier, de Joseph et Marie Ginet, fut receveur des

---

(1) Peut-être fut-elle noble, car on trouve dans les registres du presbytère de Mouxy, le mariage de *noble* François La Salle avec Mademoiselle Benoîte La Crose, célébré dans l'église de cette paroisse le 1er juin 1688.

(2) La famille Lasalle ou La Salle tenait l'auberge dite des *Trois Rois*, en 1675.

domaines à Goncelin (Isère), et naturalisé français, le 24 juillet 1816.

LASALLE (François), fils de Joseph et de Claudine Gay, mariés le 23 avril 1754. Il fut baptisé à Aix, le 28 août 1755, et par la suite devint notaire. En janvier 1795, nous le trouvons à Thonon, receveur de l'agence des biens nationaux de cette ville et membre, dès le 27 prairial précédent, du club des Jacobins (1).

Joseph, susdit, mourut le 16 mars 1763. Claudine Gay lui avait apporté en dot une maison à Aix, numéro 286 du cadastre, et un jardin. On pourrait encore citer de cette famille *Antoine*, conseiller de ville en 1759.

LAURENT (Jean), chanoine de la Collégiale d'Aix, et desservant de la paroisse d'Aix, en 1551.

LÉAVAL (Jacques de), chanoine et trésorier du Chapitre de la Collégiale d'Aix. Il assiste Charles Vignon, commandeur des Hospitaliers de Saint-Antoine de Chambéry, lorsque celui-ci, n'osant pénétrer dans la ville, à cause de la peste qui la dévastait, prend possession de sa commanderie, depuis la tour de Beauvoir à la Boisse, le 3 octobre 1630 (2). Il fut inhumé le 14 octobre 1649.

LECONTE (Jules), succède, comme notaire à Aix, à Me Desportes, en 1893.

LEGRAND (Alexandre-Maximin), originaire de la Bourgogne, docteur en médecine à Paris, pendant l'hiver, et à Aix, dans la saison des bains, environ dès

(1) *Mémoires de la Société savoisienne d'histoire et d'arch.*, tome XXXVII, page 59.

(2) *Mémoires de l'Académie de Savoie*, 4e série, tome II, page 187.

l'année 1871. Il a été décoré de la croix de la Légion d'honneur, le 4 août 1880. Les ouvrages qu'il a publié sont les suivants :

1° *Aix-les-Bains et Marlioz et leurs environs.* Nouveau guide médical et pittoresque. Imprimé à Versailles, chez Cerf, en 1871, in-12 de cent-cinq pages;

2° *Quelques remarques sur la goutte.* Ext. du *Journal de médecine,* de Paris. Brochure in-8° de 27 pages, 1889.

LEPIC (Comte Ludovic-Napoléon), fils du général comte Lepic, aide-de-camp de l'empereur Napoléon III, surintendant des palais impériaux, et petit-fils de l'un des plus vaillants généraux de Napoléon Ier, qui s'illustra à la bataille d'Eylau principalement. Le comte Ludovic était un artiste et un savant collectionneur. Il appartient à Aix, comme fondateur et bienfaiteur du musée, qui a porté son nom, et qui existe, dans le temple de Diane. Inhumé à Paris, le 30 octobre 1889, M. Lepic était membre correspondant de l'Académie de Savoie (1), et a publié les ouvrages suivants :

1° *Chateaubourg et Soyons,* étude, un vol. in-4°, avec planches et texte en regard;

2° *La Grotte de Savigny, près de la Biolle,* étude, un vol. in-4°, avec planches, texte en regard;

3° *Les armes et les outils préhistoriques reconstitués,* grand in-4°, avec dessins de l'auteur);

4° *La dernière Égypte.* Edition ornée de dessins et du portrait de l'auteur, par Edouard Detaille. Paris, Charpentier, 1884, un volume in-8°.

---

(1) Le *Compte-rendu* de l'Académie de Savoie, publié dans le *Courrier des Alpes,* en novembre 1889, contient une notice sur le comte Lepic.

LENQUELIN (Jean), notaire à Aix, en 1382.

LÉZIANNE (Bertrand, dit Gratian, de), chanoine de la Collégiale d'Aix, en 1637, archidiacre en janvier 1661, inhumé dans le caveau du Chapitre, le 13 mai 1662, à l'âge de quarante-six ans. Il était de la même famille que cette Béatrix de Lézianne, qui épousa le notaire B. Bally, à Grésy, et fut la mère de Monseigneur Bally, évêque d'Aoste, né en 1605.

LIVET (Charles), officier de l'instruction publique et chevalier de la Légion d'honneur. Après avoir passé douze ans à Vichy, en qualité de commissaire du gouvernement auprès de l'établissement thermal, il fut appelé, en novembre 1886, aux fonctions de directeur de l'Établissement thermal d'Aix. M. Livet a fait une étude spéciale des écrivains du siècle de Louis XIV, et a publié plusieurs ouvrages (1).

Mort en décembre 1897, à Montpellier.

LORME (Anselme de VILLY, baron de), inhumé à Aix, le 24 août 1781.

LORNAY (Claude de MENTHON de), seigneur de Grimottière, lieutenant de cavalerie, devint seigneur du château et fief de Saint-Paul, sur Aix, par suite de son mariage avec Anne de Chevrier, veuve d'Antoine de Mouxy, seigneur de Saint-Paul, vers 1654. Il vit encore en 1665 (2).

---

(1) *Avenir d'Aix-les-Bains.* Voir le numéro du 5 décembre 1886.

(2) Les armoiries des de Lornay sont : *de gueules au lion rampant d'argent, traversé d'une cottice d'azur, chargé vers le canton dextre d'une rose d'or.*

LORNAY (Jacques de), chanoine de la Collégiale d'Aix, inhumé dans cette ville, le 17 octobre 1659.

LORNAY (de), chanoine de l'église Saint-Pierre de Genève, mort à Aix, le 16 octobre 1658.

LORNAY (François de MENTHON de), seigneur de Grimottière, fils de Claude susdit, lieutenant-colonel commandant la citadelle de Turin, en 1732. Il se qualifiait aussi de seigneur de Saint-Paul, château qui lui appartint. Il est cité comme l'un des notables d'Aix, en 1687, et épousa Catherine de Regard de Disonche.

LOUIS (Charles de), chanoine de la Collégiale d'Aix et procureur du Chapitre, de 1700 à 1703; nommé trésorier, le 4 avril 1705, inhumé le 25 mai 1714, à 56 ans.

LUBINI (Charles-Sébastien), fils de Jérôme, né à Manno, dans le Tessin, assistant du génie civil dans les états du roi de Sardaigne en 1847, caissier de l'Établissement thermal d'Aix dès 1856. Le 5 septembre 1859, il déclare élire domicile à Aix, et n'a cessé depuis lors, de résider dans cette ville, où il est décédé, à l'âge de soixante-dix-neuf ans, le 18 janvier 1899.

Comme architecte, la ville d'Aix lui doit diverses constructions et travaux appréciés.

MACÉ (Charles-Antonin), reçu docteur en médecine de l'Université de Paris, en 1853. Après avoir été médecin de la légation de France au Maroc, et médecin de marine, pendant quelques années, il vint à Aix pratiquer la médecine balnéaire en été. Comme directeur du *Journal d'Aix-les-Bains,* fondé en septembre 1879, il a contribué à donner de la publicité aux eaux d'Aix, et à faire connaître cette station. Ce journal se transforma, en 1891, et prit le nom de *Gazette des Étrangers,* mais M. Macé en conserva toujours la direction. Il a fondé aussi, en 1880, la *Gazette d'hiver,* à Nice, qui devait être la *Gazette d'été,* à Aix, mais cet essai ne réussit pas. Enfin, il a pris part à la rédaction de l'*Écho des villes d'eaux,* dirigé par M. Auguste Parmentier. M. Macé est chevalier de la Légion d'honneur, et membre de plusieurs sociétés médicales. Il a publié :

1o *Médical guide to the alkaline, sulphurated, iodurated and bromurated. Marlioz Waters, nears Aix (Savoy) 1875;* ouvrage traduit en anglais par M. John-P. Léonard, ancien inspecteur des ambulances françaises;

2° *Utilité des études Greco-Latines*. Imprimé à Aix-les-Bains, en 1896, à l'imp. coopérative, 225 pages;

3° *Le latin appris par l'usage*. Extrait d'un ouvrage du docteur Macé. 1896, Aix-les-Bains, imp. coopérative, 22 pages.

MAGNIN (Raymond), bourgeois de Rumilly, nommé chanoine de la Collégiale d'Aix, par François-Joseph de Seyssel, marquis de la Serraz, co-marquis d'Aix, Châtillon, Meillonas, etc., le 16 décembre 1692. Il ne fut institué dans cette charge que le 10 mars suivant, et mis en possession le lendemain. Le 25 juin 1694, il est nommé desservant de Saint-Sigismond, pour trois ans. Il fut aussi procureur du Chapitre, en 1698 et 1704, puis pourvu de l'emploi de trésorier. Sa sépulture eut lieu dans l'église d'Aix, le 12 octobre 1723.

MAGNIN (Charles). Il fit partie de l'expédition d'Egypte, commandée par le général Bonaparte, comme officier d'état-major; plus tard, il entra dans les fournitures militaires destinées aux armées de Napoléon Ier, où il se distingua par sa probité et son désintéressement. Il mourut à Aix, lieu de sa naissance, le 12 août 1849, étant âgé de quatre-vingt-deux ans. Il possédait à Aix la maison au devant de laquelle était l'arc de Campanus, mais qui a été démolie, il y a quelques années, pour agrandir la place des Thermes (1).

MAGNIN (François). Dans son testament secret, du 23 novembre 1843, Forestier, notaire à Aix, il lègue

(1) *Le Journal des Débats* et les *Annales de l'Association florimontane d'Annecy*, année 1852, ont donné une notice sur Charles Magnin.

aux pauvres de cette ville, la somme de 3.000 francs. Ce legs est accepté par le Conseil municipal, en 1849, le 18 octobre.

MAILLAND (Pierre), notaire au Bourget, puis à Aix, dès avril 1872. M. Mailland était officier d'Académie, suppléant de la Justice de paix, membre de la Société savoisienne d'histoire et d'archéologie, membre correspondant de l'Académie de Savoie. Il a été maire de Pugny-Châtenod, sa commune natale, pendant treize ans (1881-1894), et a, en cette qualité, contribué à la création des écoles, du chemin de fer du Revard, et de la station cure-d'air des Corbières.

M. Mailland, décédé à Vichy le 7 juillet 1895, inhumé le 11 du même mois, à Aix-les-Bains, a publié les écrits ci-après :

1º *Le Notariat simplifié ou le Vade-mecum des notaires.* Imp. à Paris, en 1867 et 1868, un vol. de 556 pages;

2º *Nécrologie de M. l'abbé E. Turinaz.* Imprimé à Chambéry, chez Pouchet, en 1867;

3º *Le Travail, sa puissance, ses prodiges et ses miracles.* Brochure imp. à Paris, chez Charles Douniol, en 1868;

4º *Nécrologie de M. l'abbé P.-E. Poulin, curé du Tremblay.* Brochure imp. à Chambéry, chez Pouchet, en 1868;

5º *Nécrologie de M. Louis-Marie de Butet d'Entremont, baron du Bourget.* Brochure impr. à Chambéry, chez Pouchet, en 1869;

6º *Littérature notariale.* Étude théorique et pratique sur la rédaction des actes notariés. Brochure imprimée à Paris, par l'administration du *Répertoire du Notariat,* en 1870;

7° *Bordeau, son Château féodal, le Mont-du-Chat et le lac du Bourget.* Volume de deux cent-douze pages, imp. à Chambéry, chez d'Albane, en 1875;

8° *A Messieurs les Législateurs. Les Déshéritées!* Brochure de 36 pages, in-8°, imp. à Paris, chez P. Dupont, en 1887.

MAISTRAIT (Jacques), doyen de la Collégiale d'Aix, vers 1600 (Voir ce que j'en ai dit dans l'*Histoire d'Aix-les-Bains,* tome Ier, page 506).

MALLET (Philippe), chanoine du prieuré de Sainte-Marie-d'Aix et desservant de la paroisse, en 1494.

MALVENDA (André de), prieur commendataire du prieuré de Sainte-Marie-d'Aix (Voir ce que j'en dis dans l'*Histoire d'Aix-les-Bains,* tome Ier, page 478).

MANGET. Suivant Fantoni, ce médecin exerça à Aix, vers 1718, et était partisan, de même que quelques-uns de ses confrères, de l'emploi des eaux thermales d'Aix pour le traitement de la goutte.

MARCELLAZ (François-Maurice EXCOFFON de), fils de François-Amédée Excoffon, seigneur de Marcellaz et de Madeleine Graine. Il fut syndic de la ville d'Aix, où il fut inhumé le 1er juin 1786.

MARCHESSAUX, docteur-médecin, exerçant à Aix auprès des baigneurs, dès 1880, environ.

MARILLIET (Louis), chef de service, agent-comptable à l'Établissement thermal d'Aix, où il est employé depuis trente-deux ans. Par décret du 11 juin 1894,

Sa Majesté le roi de Grèce l'a décoré de la croix de l'ordre royal du Sauveur.

MARTIN (Pierre). Il signe comme chanoine au registre capitulaire de la Collégiale d'Aix, l'année 1758, le 4 janvier, et prend possession de la cure de Pugny, le 27 décembre 1763, en qualité de vicaire perpétuel. Il était alors d'usage que les membres du Chapitre, pourvu d'un vicariat perpétuel, perdissent la qualité de chanoine. Révérend Martin ne voulut point se soumettre à l'usage, et prétendit avoir le droit de continuer à siéger au chœur. Il en résulta un jour un grand scandale dans l'église.

Le Chapitre eut encore plusieurs fois à se plaindre de lui, mais cependant lui conserva sa qualité de chanoine, ce qui fait supposer qu'il ne continua pas à desservir Pugny. Nous le retrouvons procureur du Chapitre en 1767, et desservant de Saint-Sigismond en 1769, mais il devint alors si indiscipliné que le Chapitre délègue, le 19 septembre 1770, son doyen, auprès de l'avocat général, pour lui représenter les raisons qu'il a d'éloigner définitivement cet esprit indocile. Le 29 décembre suivant, le premier président du Sénat de Savoie, écrit au Chapitre pour qu'on remette au chanoine Martin sa prébende, mais le Chapitre répond qu'il ne la lui donnera que lorsque le rebelle aura restitué les titres qu'il a enlevé des archives de la Collégiale. Enfin, le 6 juin 1771, révérend Martin fut banni des Etats de Sa Majesté.

Dans quelques actes capitulaires postérieurs, il est indiqué comme « relégué d'ordre du Roy ». Le procès-verbal de la visite pastorale de Monseigneur Conseil, le mentionne encore comme absent des États, en 1782.

MARTINEL (de). Cette ancienne et honorable famille, originaire de Seyssel, a existé pendant près de deux siècles, à Aix, puis s'est fixée à Chambéry, où elle vient de s'éteindre (1). Noble *Philibert* de Martinel, vit à Aix en 1687 et 1713. Il avait épousé Suzanne Comte, inhumée dans l'église de cette ville, le 29 mai 1699; *François* est enseveli dans la même église le 24 juin 1701. Sa femme, Jacqueline de Monthoux, lui survit (2); *Jean*, enseveli aussi dans l'église d'Aix, le 14 juin 1739. Il avait épousé Jeanne, fille de feu Gaspard de Chevillard, qui reçoit la procuration de son fils, *Pierre-Marie*, en 1750; *Jacques-Melchior*, fait bâtir une maison à Aix, en 1766, et meurt à Chambéry, le 30 novembre de la même année, âgé de cinquante ans. Il avait épousé Marie-Josephte de Carpinel, possessionnée à Aix, veuve en premières noces de Jean-Guillaume Santier de la Balme de la Tournache, capitaine de dragons en Bavière, laquelle mourut en 1815, à l'âge de soixante-quinze ans (3).

MARTINEL (Alban de), fils de Jacques-Melchior susdit, fut d'abord officier du génie dans l'armée sarde, et blessé grièvement au combat de Bernovi, pendant la guerre des Alpes. Il prit ensuite, en 1798, du service en France, et suivit Napoléon Ier dans diverses campagnes. Il était colonel du 32e régiment de ligne, lorsqu'il fut tué par un boulet, en 1813, à la bataille de Lutzen. Il avait

(1) Ascanio Martinel fut nommé conseiller à la Cour des Comptes de Savoie, le 22 avril 1598. On sait que cette charge anoblissait le titulaire et ses descendants.

(2) Peut-être avait-il épousé, en premières noces Charlotte de Chevillard, inhumée dans l'église d'Aix le 22 juin 1692, et portée aux registres des décès comme femme de François de Martinel.

(3) Madame de Martinel, née de Carpinel, fut détenue comme suspecte, avec sa fille âgée de vingt-sept ans, dès le 21 février 1794, par ordre du Comité de surveillance. Ses trois fils alors au service du Roi, furent portés sur la liste des émigrés.

épousé Angélique-Camille Case de Mœry, remariée au comte de Launay, dont elle eut, entr'autres enfants, le comte Edouard de Launay, ambassadeur d'Italie à Berlin, de 1875 à 1892.

MARTINEL (Joseph-François-Marie de), baptisé à Aix, le 24 octobre 1763, frère d'Alban susdit. Il fut d'abord officier dans la légion des campements, puis passa dans le corps des pionniers et fut blessé grièvement en 1796. Son courage lui valut alors la croix des Saints-Maurice et Lazare (22 juin). Il était employé au bureau topographique quand, en 1798, l'armée sarde fut incorporée dans l'armée française. Pendant la campagne alors commencée, il se distingua dans plusieurs combats et fut fait chef de bataillon sur le champ de bataille de Bassignana.

A la paix, il fut chargé en second de diriger les ingénieurs qui levaient la carte de la République Italienne, et depuis le 21 fructidor, an XIII, il devint directeur en chef du levé des champs de bataille des 27e et 28e divisions militaires de la Ligurie, et de la direction des vues de plusieurs des sites sur lesquels l'empereur avait remporté des victoires. Il avait un talent remarquable pour le dessin, particulièrement pour le dessin topographique, aussi lui doit-on plusieurs cartes gravées avec soin, entr'autres celle des vallées situées entre Coni et Fenestrelle, celle de la République Cisalpine, celle du Piémont, divisée en six départements, publiée en 1799, à Turin, chez les frères Reycends. Bon nombre de ces dessins, ayant trait à l'histoire naturelle, à divers paysages et à des fleurs ont aussi été gravés à l'eau-forte (1).

(1) Grillet. *Dictionnaire historique,* tome I, page 344, et tome III, pages 156, 157.

Entre 1802 et 1808, il fit des observations très savantes sur la déclinaison de l'aiguille aimantée, présentées à l'Académie impériale des sciences de Turin, et insérées dans le volume des *Mémoires* de cette Société, qui comprend ses travaux de 1805 à 1808, page XVII.

Après les événements de 1814, il rentra dans la vie privée, avec le grade de colonel et se fixa à Lyon, où dans un jardin d'expérience, situé à Perrache, il cultiva son goût pour l'arboriculture, l'horticulture et la botanique. Le résultat de ses expériences a été publié dans les *Bulletins* de la Société linéenne de Lyon, dans ceux de la Société d'encouragement de Paris, et dans les *Mémoires* de la Société d'agriculture de Lyon. Il introduisit dans le département du Rhône de nouvelles et nombreuses variétés de mûriers, les plus adaptées aux vers-à-soie. La pomme de terre fut aussi sa plante favorite, il se complut dans l'étude de ses variétés, et mit tous ses soins à reconnaître celles qui présentaient le plus d'avantages sous le rapport de leurs produits, de leur précocité, et de leur aptitude à fournir, plus ou moins de substance amilacée.

Il offrit, en 1824, à l'Académie de Savoie, des tableaux présentant le résultat de ses essais agricoles, et principalement sur ce tubercule, et a laissé des *Mémoires* imprimés qui sont un supplément utile aux travaux de l'illustre Parmentier (1).

Il fit partie d'un grand nombre de Sociétés savantes, en voici à peu près la liste complète, avec la date de sa réception :

1° Société Philomatique de Paris, 1790.

2° Société d'Agriculture de Turin, 4 octobre 1798.

(1) *Revue savoisienne*. 1869, p. 62.

3° Académie des Sciences de Turin, 17 décembre 1803.
4° Société d'Agriculture de la Seine, 22 février 1804.
5° Société d'agriculture de Lyon.
6° Société d'Histoire naturelle de Lyon.
7° Académie royale de Savoie, membre correspond[t].
8° Société Linéenne de Paris, id.
9° Société Linéenne de Lyon, id.
10° Société d'encouragement pour l'Industrie, Paris, membre correspondant.

M. Bonafous, dans une notice biographique sur le colonel de Martinel, lue le 15 avril 1829, à la Société royale et centrale d'agriculture de Paris, dit qu'il mourut le cinq du même mois, à Lyon (2). Suivant un codicille fait le jour de sa mort, il a légué à la Société royale Académique de Savoie un herbier, avec tous ses accessoires, ainsi que tous les échantillons de minéralogie se trouvant chez lui, tant à Lyon qu'à Chambéry. Terminons cette notice par la citation de la fin de celle que lui a consacré son collègue et ami, M. Bonafous :

« On regrettera que cet agronome, doué d'autant « d'intelligence que de zèle, ait si peu écrit ; mais les « services qu'il a rendus équivalent à bien des livres. « *Tous les hommes,* disait-il, *ne peuvent être grands, tous « peuvent être bons et utiles,* et personne, assurément, ne « joignit mieux l'exemple au précepte. »

Le colonel de Martinel fut en correspondances suivies avec un grand nombre de savants, et entr'autres avec son ami et compatriote, le général comte de Mouxy de Loche. On conserve, au château de Loche, plus de

(2) Jules Philippe, dans son *Manuel Biographique* de la Haute-Savoie et de la Savoie, page 67, dit par erreur, sans doute, qu'il mourut le 10 avril.

quarante lettres de ce savant agronome, qui, toutes, offrent un véritable intérêt.

MARTINEL (François-Marie de), baptisé à Aix, le 24 novembre 1767, frère du précédent, fut aussi officier dans l'armée sarde. Après la Révolution, il vint se fixer à Aix, et remplit les fonctions de vice-syndic de 1827 à 1829. Il compte encore parmi les conseillers municipaux, en 1833.

MARTINEL (Gustave de), fils d'Alban susdit, naquit en 1813. Il fut élu député par le collège d'Aix, en 1848, réélu le 9 décembre 1849, et siégea au Parlement sarde, à Turin, jusqu'à l'époque de l'annexion de la Savoie à la France. Depuis lors, jusqu'en 1871, il a représenté le canton de la Motte-Servolex au Conseil général. Il rendit encore des services à son pays, comme président du Conseil d'administration de la Société du grand Cercle d'Aix, de 1866 à 1878, et de 1879 à 1880, et comme maire de la commune de Cognin.

M. Gustave de Martinel est décédé à Chambéry, le 25 janvier 1901. Il était chevalier de la Légion d'honneur et fut plus tard, en mai 1898, décoré de l'ordre royal des Saints-Maurice et Lazare.

Avec lui s'est éteinte la famille de Martinel, car, de son union avec Mademoiselle de Crouzaz, il n'eut qu'une fille, mariée à M. Théobald de la Plagne, propriétaire du château de Peynots, près de Montbrison.

MARTY, docteur-médecin à Aix, en 1900. M. le docteur Marty a été élu président du Club nautique d'Aix-les-Bains, dans une assemblée générale tenue salle de la Mairie, le 10 février 1901.

MASSON (François), chanoine de la Collégiale d'Aix, en novembre 1678, puis vicaire à l'église de Saint-Nizier, à Lyon. Comme le Chapitre d'Aix ne lui avait pas donné l'autorisation de cumuler ce poste avec sa charge de chanoine, il lui enjoint, le 17 février 1681, de se rendre à son service dans le délai de trois mois. Révérend Masson répond qu'il voudrait bien siéger au chœur du Chapitre, mais que pour l'en empêcher on lui a saisi ses meubles et ses effets, jusqu'au temps où il doit finir son service à Saint-Nizier. Le Chapitre lui fait grâce de ses six mois de rigueur, et lui accorde cinq mois d'absence, pour ses affaires, à condition de donner dix pistoles d'Espagne, deux antiphonaires, et de payer les semaines de service, dont il sera chargé, pendant son absence.

Le 25 juin 1683, il est nommé procureur du Chapitre, avec le traitement de cinq vaisseaux de froment et dix florins, et occupe encore cet emploi en 1695. Enfin, il mourut à Aix, et fut inhumé dans l'église en 1703, le 3 juillet, laissant un testament du 30 juin précédent, ouvert par le juge du marquisat avant les funérailles. Ce testament contient, au profit du Chapitre, le legs de deux rentes constituées : l'une de 120 florins, due par Pierre Robert, de Trévignin; l'autre de 100 florins, due par Claude Guichet, de Grésy-en-Genevois (1). Ce legs est fait à la charge, pour le Chapitre, de célébrer à perpétuité une grand'messe, chaque année, dans l'octave des morts, et trois messes basses vers la Saint-François d'octobre, pour le repos de son âme.

(1) C'était le nom que l'on donnait à la commune de Grésy-sur-Aix avant la Révolution de 1793.

MATTEL (Alexandre), chanoine du Chapitre d'Aix, en 1633. Il fut revêtu de la charge de trésorier, qu'il échangea contre celle de chantre, le 19 février 1666, et mourut l'année suivante.

MAUBERT (Antoine), des environs de Strasbourg, directeur des tabacs à Rumilly, pendant quelques années, retraité à Aix, où il est suppléant du juge de paix, bibliothécaire de la ville de 1893 à 1901. C'est avec un soin tout particulier qu'il remplit gratuitement ces fonctions.

M. Maubert connait l'allemand, l'anglais, le latin et le grec, et cultive les lettres.

MEIGNOZ (Alexandre), né à Montmélian, le 6 septembre 1848; ordonné prêtre, le 20 septembre 1873; nommé professeur de grammaire au petit séminaire du Pont-de-Beauvoisin, le 6 octobre 1873; vicaire à Aix-les-Bains, le 1er novembre 1878. En 1880, il fut à Rome terminer ses hautes études, en qualité de chapelain de l'église de Saint-Louis-des-Français. Ayant pris ses grades de docteur en théologie et droit canon, il revint en Savoie, en 1883, et fut chargé au grand séminaire de Chambéry du cours de théologie dogmatique. En 1889, la cure d'Aix étant devenue vacante, par suite du décès de M. Pavy, Monseigneur Leuilleux jeta les yeux sur M. l'abbé Meignoz pour le remplacer. Ce choix ayant été approuvé, par décret présidentiel du 13 juillet, le nouveau pasteur de l'église d'Aix fut installé par le conseil de Fabrique, le 15 du même mois.

M. le chanoine Meignoz a le grand mérite d'avoir mené à bien, l'édification de l'église d'Aix, que la population de la ville et les étrangers réclamaient depuis longtemps.

MERMOZ (Barthélémy), praticien, bourgeois d'Aix en 1662.

MERMOZ (Joseph), fils du précédent, avocat au Sénat de Savoie. Il épousa, le 4 mars 1685, Louise-Nicole de Mouxy de Grésy, inhumée le 18 décembre 1732.

MERMOZ (Louis), petit-fils du précédent, baptisé le 18 mars 1716. Il est qualifié de docteur en médecine dans le contrat dotal passé le 5 août 1756, entre François Rabut, notaire, et Thérèse Lambert. Inhumé à Aix, le 21 octobre 1780.

MERMOZ (Jean-Baptiste), conseiller municipal d'Aix en 1801, percepteur de la même ville de 1805 à 1819, de nouveau membre du Conseil municipal, en 1829, époque où il est âgé de soixante ans environ.

MERMOZ (Louis), directeur des contributions directes à Lyon, en 1848.

MESTRALLET (Camille), percepteur de la ville d'Aix, dès novembre de l'année 1894.

MICHAUD (François), chirurgien juré de l'Université de Turin, né à Saint-Innocent, demeurant à Aix, en 1779.

MICHON (César), de la paroisse d'Ognon, en Faucigny, nommé chanoine du Chapitre d'Aix, en 1683, le 27 juillet; institué et mis en possession par le doyen, le 11 août suivant. Il fut élevé à la dignité de chantre, par Mre François-Joseph de Seyssel, marquis d'Aix, le 26 mai 1691, et cumula ces fonctions avec la charge de procureur en 1692 et 1693. Nommé desservant de la paroisse de Saint-Sigismond, le 23 novembre 1701, il mourut l'année suivante, le 7 mai.

MIRIBEL (Pierre), notaire à Aix en 1390 et 1411.

MITSCHELER (Jean-Marius), né à Grenoble, directeur du Cercle de la Villa des Fleurs, à Aix, pendant quelques années, mort à Marseille le 10 mars 1890, inhumé à Aix trois jours après.

MOJA (Léonard), né à Turin, chef d'orchestre au Cercle d'Aix pendant une vingtaine d'années, décédé les premiers jours de février 1888. C'était un artiste de talent, constamment admiré par les amateurs de bonne musique, et qui a laissé le meilleur souvenir à Aix (1).

MONACHON (Laurent), négociant en vins, né en 1842, mort à Aix, le 6 novembre 1900. Ce fut un homme de bien, dévoué aux intérêts du pays. Il a été président de la Société de secours mutuels, *l'Union d'Aix*, pendant longtemps, conseiller municipal, juge au Tribunal de Commerce de Chambéry et président du Syndicat des Négociants.

Le gouvernement, pour reconnaître son patriotisme et les services qu'il a rendus au bien public, l'avait décoré des palmes académiques.

MONARD (Jean), né à Aix. Étant étudiant en médecine, il fit la campagne de 1870 et 1871, contre l'Allemagne, dans le corps des francs-tireurs savoyards, en qualité de volontaire, et fut blessé au bras. Sa belle conduite pendant la guerre lui valut la médaille militaire.

---

(1) Voyez *l'Avenir d'Aix-les-Bains*, numéro du 12 février 1888.

Après la paix, il reprit ses études, fut interne des hôpitaux de Lyon, de Saint-Etienne et des eaux minérales de France, et en 1872, proclamé lauréat de l'École de médecine de Lyon.

Le 27 décembre 1877, il gagne le prix de *Concours de stage aux Eaux minérales*, fondé par le docteur Vulfran Gerdy, ancien inspecteur d'Uriage, et décerné pour la première fois par l'Académie de médecine de Paris. En cette qualité, il fait son stage aux eaux d'Aix, en 1878, et commence à exercer la profession de médecin, le 15 novembre 1879, époque où il publie son ouvrage ayant pour titre : *De la détermination du principe sulfuré des eaux minérales de Baguères-de-Luchon.*

En 1881, le docteur Monard demande l'autorisation d'aller au Sénégal, afin d'étudier la fièvre jaune, et d'essayer de la combattre par les procédés de M. Pasteur. Avant son départ, qui eut lieu le 5 octobre, à Bordeaux, il étudia, pendant quelque temps, sous l'habile direction du professeur Toussaint, à Toulouse, la nature de cette terrible maladie, et du microbe qui la développe. Les résultats de son voyage n'ont pas été publiés, mais on trouve dans le journal le *Lyon médical*, un article inséré par le docteur Monard, en 1882, ayant pour titre : *Quelques notes sur la fièvre jaune.* Quelques années après, en 1887, il fait insérer dans la même revue un travail intitulé : *Quelques considérations sur l'action physiologique des eaux d'Aix-les-Bains.*

M. le docteur Monard a épousé, en 1886, Mademoiselle Octavie Rouvreur de Chambonal.

Il a publié, outre les ouvrages déjà énoncés :

1° *Les Malades qui guérissent aux eaux d'Aix-les-Bains, et comment ils guérissent.* Imp. à Aix, chez Gérente, 1889, in-8° de 88 pages;

2° *Le Revard, station climatérique d'hiver.* Inséré dans *l'Avenir d'Aix-les-Bains,* numéro du 12 janvier 1890.

MONTPITON, est un fief des environs de La Roche (Haute-Savoie), qui a appartenu à une famille de ce nom, connue autrefois à Aix. C'est en 1563 que, de la maison de Sales, ce fief passa dans une famille bourgeoise de Samoëns, appelée Montpiton. Plus tard, cette famille fut anoblie, par lettres de Charles-Emmanuel, duc de Savoie, en date du 23 février 1614, en la personne de Mermet de Montpiton, notaire. Les armoiries qui lui furent données en même temps, sont ainsi décrites : *d'azur à trois étoiles d'or en chef, et au-dessous une montagne d'argent.* Haume clos, etc. Devise : *Fortitudine claresco.*

MONTPITON (Claude de), fils de Mermet susdit, vient se fixer à Aix, où il exerce la profession de notaire, en 1607. Dans un acte de 1618, il se dit héritier d'Alexandre de Galles, dont nous avons parlé précédemment. Il épousa Philiberte Testu de Vozérier, ou Vozéry. Le 16 août 1620, il reçoit une obligation de 200 florins, contre les frères Georges et Gonin de Mouxy. Il fut collatéral au Conseil présidial de Genevois, siégeant à Annecy, et on le trouve qualifié de bourgeois de cette ville, et de celle d'Aix. Il vit encore en 1625.

MONTPITON (Jean-François de), baptisé à Aix le 15 novembre 1618, fut conseiller de Son Altesse Royale, avocat domanial et collecteur du Conseil présidial de Genevois. Il était fils du précédent.

MONTPON (Joseph de la FAVERGE de), doyen de la Collégiale d'Aix, en 1730-1733 (Voyez mon *Histoire d'Aix-les-Bains,* tome Ier, page 512).

MOTTET (Alphonse)
ancien Maire d'Aix

Héliog. Dujardin

AIX-LES-BAINS, IMP. GÉRENTE.

MONTISEL (Antoine FILLIARD de), chanoine de la Collégiale d'Aix, en 1660. Il est trésorier et chantre du Chapitre, lorsqu'il meurt le 25 mai 1679. M. de Foras, dans son *Armorial* (1), croit qu'il appartenait à la famille Filliard, de Cusy. Au baptême de Jacques-Sylvestre, fils d'Aimé de Pingon, baron de Cusy, célébré dans la chapelle du château de Cusy, en 1622, le 22 juin, on voit figurer M. Filliard, dit Montisel, remplaçant le parrain, le seigneur de Montmaïeur.

MORET, receveur de l'enregistrement à Aix, de 1860 à fin de 1888, époque où il prit sa retraite.

MONTROË, dit ROË (Marie-Charles-François), fils de M. Henri Montroë, premier président à la Cour d'appel de Chambéry, né à Lyon, le 22 mai 1852, docteur en médecine de la Faculté de cette ville, le 6 août 1879. Ayant acheté la maison du docteur Pacotte, par acte du 30 octobre 1880, Me Desportes, notaire, il s'établit à Aix pour exercer l'art médical. Il a épousé, en 1884, Mademoiselle Jeanne-Marie-Madeleine Dupraz, de Bonne-sur-Menoge (Haute-Savoie). Le docteur Montroë a publié : *De l'action des eaux thermales d'Aix-les-Bains (Savoie), dans le traitement de la sciatique* (Genève, Imp. Centrale Genevoise, 1888, in-8° de 42 pages). Il est médecin-adjoint de l'Hospice de la Reine-Hortense, membre de la Société savoisienne d'histoire et d'archéologie, etc., maire de Bonne.

MOTTET (Alphonse), né à Grenoble, le 8 décembre 1828, vint s'établir à Aix, comme entrepreneur de travaux publics. Homme d'initiative, d'énergie et de

---

(1) Deuxième volume, page 387.

travail, il fut nommé maire de cette ville en 1874, et et occupa cette fonction jusqu'en 1883.

C'est pendant cette période qu'Aix prospéra d'une façon remarquable; il y aida puissamment, par la création, en 1879, du Casino de la Villa des Fleurs. Parmi les œuvres d'utilité publique qu'il mena à bonne fin, pendant son passage à la tête de la municipalité de la ville, nous citerons : l'ouverture de la rue Dacquin; l'élargissement des rues des Ecoles, Cabias, de Genève et Claude-de-Seyssel; le dessèchement des marais par le redressement des ruisseaux du Tillet et de la Plonge; l'aménagement du Temple de Diane pour l'installation du Musée de la ville; les écoles communales, etc., etc.

Il encouragea de tout son pouvoir les Sociétés locales, et rendit les plus signalés services aux pauvres du pays. Sa libéralité était proverbiale, aussi, peut-on dire que sa mort, survenue le 8 janvier 1898, mit tout Aix en deuil.

Si Aix est devenue l'une des premières stations balnéaires de l'Europe, fréquentée par les personnages les plus illustres et les plus distingués, c'est à l'activité intelligente et au dévouement sans borne de M. Mottet qu'on le doit.

MOTTET (Léon), fils du précédent, licencié en droit, chef du cabinet du préfet de la Savoie, en 1880; nommé conseiller de préfecture de la Haute-Loire, le 11 novembre 1881, et au même emploi, à la préfecture de l'Isère, le 2 février 1887.

MOTTET (Joseph-Eugène), frère du précédent, né à Chindrieux le 27 septembre 1853, alors que son père, entrepreneur de travaux publics, faisait construire la route qui va de Brison à Seyssel. Il fit ses premières études au collège de Rumilly et les termina ensuite au lycée de Chambéry. Après avoir fait son année de service militaire (1873-1874), il revint à Aix auprès de son père, dont il fut le collaborateur intelligent pendant plusieurs années. Dès cette époque, il s'occupa beaucoup de l'organisation des musiques de la ville, et devint président de la Société chorale. Comme adjoint, il a aussi pris part de bonne heure à l'administration municipale. Enfin, ses qualités l'ont fait choisir pour être élu maire d'Aix, le 20 mai 1900.

MOTTA (Guido de), notaire à Aix, en 1347.

MOUXY (de). Cette famille, dont plusieurs branches existent encore en Savoie, prend son origine dans la paroisse de ce nom, située au-dessus d'Aix, et remonte par titres, jusqu'au XIIe siècle.

Ses armoiries sont : *Écartelé : au 1 et 3 échiqueté d'or et d'azur de quatre traits, et 2 et 4 au sautoir d'or sur champ de gueules.* Devise : *Honor aut mors.* Elle a produit beaucoup de personnages distingués, mais nous ne citerons ici que ceux qui tiennent à Aix (1).

MOUXY (Jacques de), notaire à Saint-Hippolyte-sur-Aix, en 1314. A la fin de la reconnaissance féodale, signée, le 18 octobre 1317, par Péronnet, fils d'Humbert de Grésy, en faveur de Pierre, seigneur du dit lieu, on voit que cet acte est passé devant la maison de ce notaire, à Saint-Hippolyte. Ses descendants se qualifièrent de seigneur de Saint-Hippolyte, jusqu'en l'an 1350 environ. A cette époque, le fief et le château ayant passé aux de Seyssel, le nom de Saint-Hippolyte se modifie en celui

(1) Voir ce que j'ai dit sur cette famille, dans mon *Histoire de Grésy-sur-Aix*, page 238 et suivantes.

de Saint-Pol et Saint-Paul, cependant on le retrouve encore souvent, par la suite, sous son ancien nom. Après les de Seyssel, Saint-Paul est inféodé aux de Mouxy, seigneurs de Mouxy, comme il est dit ci-après.

MOUXY (Philippe de), fils de Rollet, seigneur de Mouxy, est mentionné dans le pouillié du diocèse de Grenoble, en 1488, comme étant le patron de la chapelle de Saint-Antoine, dans l'église prieurale d'Aix. En 1502, il dote cette chapelle, et en 1506, il reçoit l'investiture du fief et de la maison forte de Saint-Paul. Nous le retrouvons ensuite prêtant hommage et fidélité au roi de France, le 19 août 1547, et faisant son testament, le 8 janvier 1554, en faveur des quatre fils qu'il eut de sa femme, Philiberte Odinet de Montfort, et dont il est parlé ci-après.

MOUXY (Georges de), seigneur de Saint-Paul, Longefan, Montfalcon, maison forte d'Albens, comte de Montréal, baron de Montfort et de Péroges. Il est commissaire général de la cavalerie légère de Savoie, en 1572, chambellan de Son Altesse Royale, en 1575, conseiller d'état et ambassadeur ordinaire en France, en 1578. Deux ans après, le comte de Montréal est premier conseiller d'état, et assiste, en cette qualité, à la proposition de paix faite à Bonneville, aux Bernois, par le duc de Savoie, et au conseil privé, où l'on décida la malheureuse expédition de Provence.

Ayant, dans ce conseil, trop vivement soutenu son opinion d'assiéger plutôt Genève, et de terminer la guerre contre les Bernois, il encourut la disgrâce du duc. Mais les événements, ayant bientôt fait apprécier à ce prince la sagesse des conseils du comte de Montréal, celui-ci rentra en grâce, et fut envoyé à la diète de Saint-Maurice, avec Lambert et le président du Sénat de Savoie, pour négocier de nouveau avec les Bernois. A son retour, il fut nommé au poste de commandant du château de Chambéry, qu'il conserva jusqu'à sa mort, arrivée le 2 mars 1595. Il fut marié à Louise, fille de Jean de Seyssel, marquis de la Chambre et d'Aimée de la Beaume de Montrevel, héritière de l'illustre et puissante maison de Seyssel de la Chambre, qui dominait autrefois sur une grande partie de la Maurienne. Il n'eut de cette union qu'une fille, appelée *Julienne-Gasparde,* mariée à Louis de Seyssel, marquis d'Aix et de la Chambre, etc.

MOUXY (Jacques de). Il est prieur du prieuré rural de Saint-Nicolas à Grésy-en-Genevois, de 1591 à 1595, environ. Il entra ensuite au monastère des Bénédictins à Sixt, en Faucigny, et en devint abbé. Ce personnage, mort à Sixt, le 9 décembre 1620, a joué un certain rôle sous l'épiscopat de Saint François de Sales, qui, après avoir prédit le jour de sa mort, l'assistat à ses derniers moments (1).

MOUXY (Jean-François de). Le 29 décembre 1569, les quatre frères de Mouxy, tous qualifiés de sires de Saint-Paul, de concert avec Antoine et Jean de la Palud, albergent à Jean Vibert, d'Héry, les biens de Jacques Vibert, son frère, homme lige et taillable à miséricorde, et mort sans postérité, sous l'introge de 36 écus de cinq florins pièce. L'acte est signé à Aix devant Me Anneyères, notaire. On sait qu'il était de droit féodal que les biens

(1) Consulter : Besson, *Mémoires ecclésiastiques*, page 150. — Hammon, curé de Saint-Sulpice, *Histoire de saint François de Sales.* 1, pages 500, 502.

laissés par un homme taillable à miséricorde, mort sans avoir testé et sans enfants mâles, passaient à son seigneur.

Jean-François de Mouxy fut nommé commandant du château de Chambéry en 1579. Le 12 février 1589, la chambre des comptes de Savoie rend un arrêt portant inhibition aux syndics de la ville d'Aix, de ne pas porter les frères de Mouxy à la taille, attendu leur qualité d'anciens nobles. Dans cet arrêt, les quatre frères sont encore qualifiés de seigneurs de Saint-Paul. Jean-François mourut, en août 1596, assassiné par deux neveux du marquis d'Aix, Charles de Seyssel. La cause de ce sombre drame semble avoir été une vengeance exercée sur les frères de Mouxy, soupçonnés d'avoir eux-mêmes assassiné, le dit Charles de Seyssel, vers 1570. Des quatre frères de Mouxy, en septembre 1596, il ne reste plus que l'abbé de Sixt, car Georges était mort et Claude-Antoine fut assassiné en même temps que son frère. Sur la plainte de l'abbé de Sixt, les assassins, quoique de hauts vassaux, furent condamnés à la prison. Le document qui l'établit est une lettre missive de Son Altesse le duc Charles-Emmanuel Ier, à Messieurs du Sénat de Savoie, datée de Turin, le 23 avril 1597 (1). Il y est dit que « sur les instances de la marquise douairière d'Aix, il accorde au marquis et au baron ses enfants (Charles-Emmanuel et Louis de Seyssel), grâce de l'homicide par eux commis sur les personnes des deux seigneurs de Saint-Paul et de Santaury frères, mais il veut que les deux inculpés se présentent à la salle d'audience du Sénat, les magistrats et procureurs des parties séants, *les huitz cloz et serrez*, et leur donne prison dans le château de Chambéry, en quelque chambre du logis bas, ne voulant que leur

(1) *Archives du Sénat de Savoie*, registre 28, folio 279.

soient données prisons ordinaires ». Dans cet assassinat, les frères de Seyssel eurent pour complice Etienne de Balmetis, notaire, dont nous avons parlé précédemment.

MOUXY (Claude-Antoine de), seigneur de Saint-Paul et de Santaury, gentilhomme ordinaire de la Chambre du duc de Savoie, en 1572, et assassiné, comme nous venons de le dire, avec son frère, en août 1596, par les frères Charles-Emmanuel et Louis de Seyssel.

MOUXY (Humbert de), fils de Jean-François susdit. De même que son oncle, ce personnage fut pourvu du prieuré de Saint-Nicolas à Grésy-en-Genevois, de 1601 à 1606, puis devint son coadjuteur au monastère de Sixt, et lui succéda, comme abbé, en 1620. En 1622, il reconstruisit en grande partie son couvent, et l'on voit encore ses armoiries et une inscription latine dans l'ancienne salle du réfectoire, au-dessus d'une cheminée monumentale. L'abbé de Mouxy mourut en 1646, laissant, dit-on, des mémoires, où divers écrivains ont puisé pour écrire l'histoire de Saint François de Sales.

MOUXY (Antoine de), fils de Claude-Antoine susdit et son héritier, qualifié comme lui de seigneur de Saint-Paul. Il teste le 1er février 1625 en faveur de Philibert et Antoine de Mouxy de Pougny, excluant ses cousins Georges et Gonin de Mouxy, seigneurs de Mouxy, avec qui il avait longtemps plaidé. Ce testament, qui est aux archives du Sénat, ne fut ouvert que le 4 juillet 1654. De son mariage avec Anne de Chévrier, il n'eut pas d'enfants. Celle-ci se qualifie de dame de Saint-Paul, dans l'acte du 1er septembre 1651, par lequel elle présente Claude-Louis de Fésigny, pour être recteur de sa chapelle de Saint-Antoine, dans l'église d'Aix. Elle se remaria avec

Claude-César de Menthon de Lornay, seigneur de Grimotière, à qui elle apporta, comme nous l'avons déjà dit, le château et le fief de Saint-Paul.

MUFFAT-JEANDET. Il a été longtemps receveur de la poste à Aix. Au mois de mars 1896, il fut décoré de la croix du Mérite d'Autriche, en souvenir de ses soins pour le service postal de l'Impératrice d'Autriche, pendant la saison qu'elle fit aux bains dans l'été de 1895.

MUGNIER (Claude), chanoine de la Collégiale d'Aix. Il était de Cluses, et démissionna en 1647.

NANTET (Charlotte), célèbre doucheuse à Aix-les-Bains, et masseuse de Sa Majesté la Reine d'Angleterre. La Reine, à son premier voyage en Savoie, en 1884, sur la recommandation de sa fille, Son Altesse Royale la princesse Béatrix, attacha à son service personnel cette habile praticienne. Depuis lors, celle-ci se rendait chaque année en Angleterre, auprès de Sa Majesté pour lui prodiguer ses soins. Elle a été inhumée à Aix, le 12 janvier 1890.

NEVEU (François), doyen du Chapitre collégial d'Aix, en 1529 et 1536. (Voyez mon *Histoire d'Aix-les-Bains*, tome 1er, page 504).

NICOLIER (Claude), chanoine de la même Collégiale, en février 1676, procureur du Chapitre en 1697, inhumé dans l'église d'Aix le 19 juin 1705. Il était sans doute parent proche de noble et spectable Jacques Nicolier, seigneur de Damesin, qui, par son mariage avec

Françoise d'Orlié, devint propriétaire de la maison-forte de Verbois, à Grésy (1).

NOZIER (Claude-Nicolas). Il est cité comme chanoine de la Collégiale d'Aix dans un acte capitulaire du 28 février 1788. Le 27 mars 1793, ayant refusé de prêter le serment constitutionnel devant la municipalité d'Aix, il fut traduit devant le directoire de Chambéry, lequel le condamna, le 16 mai suivant, à la déportation à la Guyane française. Cependant, comme il avait plus de soixante ans, il obtint la faveur de rester en détention à Chambéry, dans la maison commune.

(1) Cette maison, aujourd'hui convertie en rustiques, appartient à M. de la Rupelle; mais à l'époque du Cadastre (1738), elle avait encore une certaine tournure féodale, avec ses trois tourelles (voyez *l'Histoire de Grésy*, pages 226 à 230).

OLLIER (Jean-Vincent), né à Valloire, le 25 mars 1801; ordonné prêtre, le 28 mai 1825; nommé vicaire à la Motte-Servolex, le 17 août 1825; curé d'Albens, le 17 mars 1830, archiprêtre et curé d'Aix, le 13 octobre 1835; curé de Billième, en 1837, le 1er juillet; curé d'Oncin, le 30 septembre 1852; curé de Saint-Alban-de-Montbel, le 30 juin 1862; mort, en 1864, le 14 juillet, à l'âge de 63 ans.

ORENGIANI, voyez *Alexandry*.

ORLIÉ (Pierre d'), trésorier du Chapitre collégial d'Aix, inhumé dans l'église le 15 août 1622. Le 1er du même mois, il fait une fondation en faveur de son Chapitre.

ORLIÉ (Jean-François d'), de Saint-Innocent, chanoine de la Collégiale d'Aix en 1634, chantre en 1636, décédé le 4 septembre 1660, laissant un testament, Vidal notaire, daté du jour de sa mort, en faveur de Claude-François d'Orlié, dit de Brison, fils de Charles-Emmanuel, baron de Saint-Innocent. Cet acte contient aussi une fondation en faveur du Chapitre.

PACOTTE (François), reçu docteur-médecin à la faculté de Montpellier, le 15 décembre 1868. Après avoir exercé l'art médical pendant quelque temps à Crêches (Saône-et-Loire), il acheta à Aix, vers 1870, rue du Casino, nº 124, la maison Perret, et se fixa dans cette ville pour y faire de la médecine balnéaire en été. Le 30 octobre 1880, ayant revendu sa maison au docteur Montroë dit Roë, il quitta Aix, pour prendre, à Lyon, la direction de l'établissement hydrothérapique de Serins.

M. le docteur Pacotte a publié :

1º *Observation de crises épileptiques se liant à une névrite rhumatismale,* communiquée à la Société médicale de Chambéry, le 23 décembre 1873.

2º *Guérison par les eaux d'Aix.*

PANEVIN (Pierre), notaire à Aix, en 1410. Déjà, en 1376, on rencontre un notaire du nom de *Panis et Vini,* qui peut avoir été le père de Pierre, si ce n'est pas le même individu.

PANISSET (François), chanoine de la Collégiale d'Aix, en 1518.

PATHÉRY (Horatio), clerc béni, de Montcallieri, en Piémont, nommé chanoine de la Collégiale d'Aix par Jacques d'Allinges, marquis de Coudrée et d'Aix, le 26 mai 1679. Son institution est du 17 septembre suivant, et sa mise en possession du même jour. Il mourut avant le 22 octobre 1687.

PAVY (Claude-François-Lucien), né à Saint-Girod, le 29 octobre 1829, d'une famille noble, encore honorablement représentée dans cette commune (1). Il fut ordonné prêtre, le 17 décembre 1853; nommé vicaire à Arvillard, le 10 janvier 1854; vicaire à Aix, le 8 mars 1855; vicaire de Saint François de Sales de Chambéry, le 25 juin 1859; curé de Mognard, le 8 juin 1865; archiprêtre et curé d'Albens, le 1er juin 1867; archiprêtre et curé d'Aix, le 22 août 1871; chanoine honoraire, le 1er dimanche de l'Avent 1875; mort à Aix le 6 février 1889. Inhumé le 9 au tombeau de sa famille, à Saint-Girod.

M. l'abbé Pavy, très regretté de sa paroisse et de ses amis, a laissé à Aix le souvenir d'un prêtre vertueux, charitable, et dévoué à l'instruction de la jeunesse. Ses efforts et sa sollicitude se portèrent aussi sur l'espérance qu'il avait conçue de pouvoir édifier la nouvelle église d'Aix; malheureusement sa mort prématurée, ne lui

(1) Cette famille fut anoblie par le duc de Savoie, le 3 juillet 1518, en la personne de Claude Pavy, fourrier de Philippe de Savoie, comte de Genevois, et de ses frères de Thoiry, près de Chambéry.

Armoiries : *de gueules à la bande d'or, au champ senestre du chef chargé de trois étoiles d'argent, et au champ dextre de pointe d'un croissant et de deux étoiles de même.*

permit pas de la voir réaliser. C'est à ses soins, que les habitants d'Albens doivent la belle église, à trois nefs, qui s'édifia pendant qu'il fut curé de cette paroisse.

M. l'abbé Pavy a publié, dans le *Courrier des Alpes*, divers articles sur les vitraux de l'église d'Aix, et autres sujets, indiqués dans la *Bibliographie d'Aix*, du docteur L. Guilland (1).

PELEGRINI ou PELLEGRINI (Bernard), fils de Gaëtan, né à Yenne, fut un architecte de talent, qui tient à Aix par les beaux édifices, dont il a fait les plans, et dirigé l'exécution. Citons parmis ces édifices : le Cercle d'Aix et l'Etablissement thermal. Il avait entreprit la reconstruction du théâtre de Chambéry, incendié le 13 février 1864, mais il ne put terminer son œuvre, étant mort le 14 décembre de la même année. M. Pellegrini a laissé un fils, élu, d'abord, vice-président de la République Argentine, en novembre 1886, puis président en juillet 1890.

PERNET (Claude), du Grand-Bornand (Haute-Savoie), reçu chanoine de la Collégiale d'Aix au mois de décembre 1649, mis en possession de la charge de trésorier du Chapitre, le 6 septembre 1660, et nommé archidiacre par le marquis d'Aix, patron de la Collégiale, en 1662, le 31 mai. Nous le retrouvons, le 31 août 1668, faisant une donation au Chapitre d'une cense annuelle de sept florins, à charge de célébrer tous les ans, le deuxième vendredi de Carême, à la chapelle des Douze-Apôtres, soit du Rosaire, dans l'église d'Aix, l'anniversaire dont

(1) Des articles nécrologiques sur M. l'abbé Pavy, ont été publiés dans le *Nouvelliste de Lyon* du 9, *l'Avenir d'Aix-les-Bains* du 10, et le *Courrier des Alpes* du 12 février 1889.

il est parlé dans son testament du 5 février, même année, reçu par Me Maurice Bally, notaire. Il fut inhumé dans l'église collégiale, le 29 septembre 1668.

La famille Pernet comptait autrefois, à Aix, parmi les bonnes maisons bourgeoises. Citons encore *Pernet Antoine*, magistrat, présent, le 24 décembre 1680, à la mise en possession du doyenné d'Aix, en faveur de révérend Claude-François de la Tour, et aussi à la délibération prise par les habitants de la ville, le 7 mai 1687, au sujet des mesures à prendre pour prévenir les incendies.

PERRAUD (Jean), chanoine de la Collégiale d'Aix, en 1669, et desservant des paroisses de Saint-Paul et Saint-Sigismond, en 1676. Il tomba, plus tard, dans l'enfance, et fut inhumé à Aix, le 19 juillet 1687.

PERRET (Claude), notaire à Aix, en 1755 et 1769. Cette famille est encore une des anciennes et honorables de la bourgeoisie de cette ville. Elle possédait une maison sur la place Centrale, et une autre dans la rue du Casino, vendue au docteur Pacotte.

PERRET (Jean-Jacques), né à Aix, en 1762, le 25 février, docteur-médecin. Ce fut un naturaliste de mérite, et à ce titre nous devons le signaler ici tout particulièrement. Ses premières études se firent à Aix, puis à Chambéry, mais rien encore ne faisait supposer ses goûts pour la science que Linnée a cultivé avec autant de gloire que de succès. A vingt ans, Perret entra à Lyon dans une maison de commerce, mais s'étant compromis dans les événements qui amenèrent le siège de cette ville, en 1793, il dû la quitter pour assurer sa liberté. Quelque temps après, il obtint une place dans le service de santé de l'armée des Alpes, mais y resta peu.

En 1795, étant à Paris, il profita d'une occasion pour se rendre en Egypte, et débarqua à Alexandrie, où il se livra à diverses entreprises commerciales. L'arrivée de l'expédition française, commandée par Bonaparte, lui fournit quelque temps après l'occasion de se lier avec deux de ses compatriotes : Berthollet et l'intègre Magnin, d'Aix comme lui. Il fit en même temps connaissance avec Delile, le directeur du jardin botanique du Caire, l'auteur de la *Flore d'Egypte*, et le successeur, plus tard, à Montpellier, de la chaire de botanique, illustrée par Candolle. C'est dans la société choisie de ces hommes distingués que Perret prit le goût de l'étude de l'histoire naturelle et des langues orientales. Il acquit bientôt des connaissances étendues et parvint à parler et à écrire facilement les langues arabe, cophte, grecque, hébraïque et italienne, dont la connaissance lui fut, du reste, fort utile pour diriger ses opérations commerciales.

Lors de la fameuse révolte du Caire, Perret, qui habitait depuis longtemps cette ville, aurait été infailliblement massacré, si un turc, reconnaissant du bien qu'il lui avait fait, ne lui eut sauvé la vie, en le tenant caché quelque temps dans une citerne, où il lui portait à manger (1).

Ayant échappé à ce grand péril, et étant presque ruiné par ce fâcheux événement, Perret se mit en quête d'une position, et fut assez heureux pour attirer l'attention du général Bonaparte. Celui-ci, ayant eu connaissance de ses aptitudes pour les langues orientales, se l'attacha en qualité d'interprète-adjoint. Cette situation lui permit bientôt de reprendre, avec succès, ses recherches sur

(1) Docteur L. Bouvier. *Biographie de J.-J. Perret*. Imp. à Annecy chez Burdet en 1852.

l'histoire de l'Egypte, et sur les productions naturelles de ce pays, si fertile en produits de toutes espèces.

Après avoir séjourné six ans en Egypte, Perret s'embarqua le 23 septembre 1801, non sans regrets, pour la France. Nommé secrétaire du commissaire-ordonnateur Dupraz, il remplit successivement les fonctions de sa nouvelle charge à Paris, à Caen et à Turin, où il se lia avec les hommes les plus distingués dans les sciences. En 1811, ayant perdu son père, il se retira à Aix pour se consacrer exclusivement à l'étude. C'est alors qu'il forma, avec le fruit de ses recherches en Egypte, et le produit de ses nombreuses explorations dans les Alpes, un cabinet particulier d'histoire naturelle, qu'il était heureux de montrer aux amateurs étrangers et à ses amis. parmi lesquels on peut citer Gaudin, le consciencieux auteur de la *Flore Helvétique,* et surtout le naturaliste Colla, de Turin. En 1828, il étendit ses investigations jusqu'au bassin de la Méditerranée, et parcourut successivement Montpellier, Marseille, Hyères et Nice.

Ses connaissances et ses études spéciales sur la botanique, pour lesquelles il suivait la méthode de Linné, lui valurent de la part de diverses sociétés savantes, des témoignages d'estime qui attestent sa compétence dans les sciences naturelles. Ainsi Perret était membre des Sociétés linéennes de Paris et de Normandie, de la Société des arts et belles-lettres de Falaise, et membre correspondant de l'Académie royale de Savoie, en 1835. Il mourut à Aix, le 24 mars 1836, âgé de soixante-quatorze ans. Ce naturaliste estimé n'a rien publié, mais il a laissé des manuscrits en arabe, et une grammaire de cette langue, composée par lui, plus divers travaux sur les mollusques, les insectes et sur l'analyse des plantes. Sa belle collection d'histoire naturelle comprenait les divers règnes; on y remarquait surtout un herbier composé des plantes cueillies par lui en Egypte, en France, en Italie, en Suisse et en Savoie. Parmi ces plantes plusieurs étaient inconnues avant lui, et furent signalées, soit dans la *Flore Helvétique*, de Gaudin (1), soit dans l'*Herbarium Pedemontanum*, de Colla, imprimé à Turin.

Après la mort de Perret, sa collection fut achetée six mille francs, par Sa Majesté la reine Marie-Christine, veuve du roi Charles-Félix, et donnée par elle à la royale abbaye d'Haute-Combe. Plus tard, elle passa dans les mains de la Société d'histoire naturelle de Chambéry.

PERRET (François), né à Aix, en 1770, sergent de fusiliers au premier bataillon des volontaires du Mont-Blanc, le 10 fructidor, an II. Il était fils de Joseph, et frère de Pierre, négociant à Marseille.

PERRIER (Pierre-François), reçu docteur en chirurgie, à Turin, le 29 février 1772. Après avoir été médecin du fort de Miolans, il vint exercer la médecine à Aix, où on lui confia le service de l'hôpital militaire, vers 1792. Plus tard, selon un arrêté du 8 vendémiaire, an IX (1er octobre 1800), il fut nommé inspecteur-adjoint des eaux thermales. Dans une lettre inédite du 25 vendémiaire, an X (17 octobre 1801), adressée par M. Perrier à Albanis Beaumont, écrivain savoyard bien connu, et qui lui avait manifesté l'intention de le citer dans un de ses ouvrages, on lit le passage suivant :

« *Je conçois, par avance, combien cela me sera avantageux et pourra me dédommager des pertes que j'ai éprouvées dans la Révolution, mais je crois qu'indépen-*

(1) Imp. à Zurich, de 1828 à 1833, en 7 vol. in-8o.

damment de ce que vous voudrez dire en ma faveur dans votre ouvrage, il importerait que le Ministre de l'Intérieur fut instruit que dans l'ancien régime j'étais chirurgien du fort de Miolans. Cette place et les autres bienfaits du Roi me rendaient deux mille francs par an. A ce moment, j'ai un brevet d'inspecteur-adjoint des Eaux thermales d'Aix, mais je ne retire aucun salaire, vu que le nouveau règlement n'est pas en activité, que l'Etablissement n'est pas organisé, que le service de l'hôpital militaire n'est pas confié à l'Inspecteur-Adjoint... Les eaux n'étant pas acensées, comme le porte le règlement, il en résulte des dépenses considérables pour le Gouvernement. D'ailleurs, pour que ces eaux jouissent de la réputation qu'elles méritent, il conviendrait que le Gouvernement en fit faire l'analyse par un célèbre chimiste, tel que le citoyen Berthollet auquel j'ai envoyé le plan des anciens monuments... »

Peu de temps après (1803), le docteur Socquet fit paraître son *Analyse des eaux thermales d'Aix*, ouvrage dans lequel il mentionne ainsi les travaux de son confrère :

« Cependant, le citoyen Perrier, inspecteur-adjoint, également breveté de ces eaux, n'a point discontinué ses recherches et ses observations sur leur efficacité, prises en boisson, ou administrées comme bain, et sous la forme de douches; il a fait un recueil intéressant des cas extraordinaires et des états différents de maladie et de tempérament dans lesquels ces eaux exigent des modifications, des soins et des précautions particulières. Ses notes et ses remarques sont d'autant plus instructives et précieuses, que cet homme habile et patient s'est, pour ainsi dire, adonné exclusivement à l'étude de leurs propriétés, dès les premières années de la Révolution, où le Gouvernement lui donna l'inspection des

hospices militaires, qu'on avait établi à Aix, place qui l'y a heureusement fixé, pour le bien de l'humanité. »

Le docteur Perrier habitait à Aix la maison connue aujourd'hui sous le nom de *Pension Chabert,* où sont les restes des anciens bains romains. Lamartine y vint loger, pour la première fois, dans l'automne de 1811, comme il le raconte, du reste, tout au long, dans son roman de *Raphaël.* M. le docteur L. Guilland dit que le docteur Perrier fut le premier médecin qui prescrivit l'emploi de la source ferrugineuse de Saint-Simon *(Source d'Hygie),* et qui en provoqua l'analyse. Le docteur Perrier vivait encore en 1824.

PERRIÈRE (François), notaire à Aix en 1732, et de la Collégiale, de 1758 à 1759.

PERRIÈRE (Claude-Thérèse), natif d'Aix, fut pourvu d'un canonicat au Chapitre d'Aix, par acte du 7 mai 1762, signé par le marquis d'Yenne, fondé de pouvoir du marquis d'Aix. Le procès-verbal de sa mise en possession fut dressé le 16 du même mois, devant Me J.-J. Vignet, notaire.

PERRIÈRE (François-Denis), notaire à Aix, en juin 1793.

PERRIN (Simon), doyen de la Collégiale d'Aix, de 1734 à 1741 (Voir mon *Histoire d'Aix-les-Bains,* t. Ier, page 515).

PETIT (Joseph), de Tresserve, reçu docteur de la Faculté de Paris, le 28 juin 1868, établi à Aix dès cette époque. Maire de cette ville après la chute de l'Empire, en 1870, jusqu'en 1871, puis de nouveau du 18 mai 1884 au 18 février 1886, jour où il a donné sa démission. Il a été aussi conseiller général du département, représentant le canton d'Aix, du 4 octobre 1874 au 1er août 1886.

PEYTAVIN (Joseph-Marie), né à Aix, le 30 décembre 1799, d'une honorable famille d'Aix, autrefois avantageusement possessionnée dans les Bauges, mais pour lors peu fortunée. Il fut admis en 1821, le 23 janvier, en qualité de cadet dans le régiment des gardes-du-corps de Sa Majesté, et promu sous-lieutenant le 31 janvier 1824.

Il franchit ensuite successivement les grades de lieutenant (27 janvier 1828), et de capitaine (8 février 1834), dans la brigade de Savoie, et prit part aux deux campagnes, de 1848 et 1849, pour l'indépendance italienne. Dans la première, il donna des preuves de valeur au combat de Croce-Bianca (6 mai), sous Vérone, qui lui valurent le grade de chef de bataillon. Il se signala, encore, cette année-là, à la bataille de Custozza, et fut mentionné à l'ordre du jour de l'armée (24 juillet). Dans la seconde campagne, il se fit remarquer par sa bravoure, à la désastreuse bataille de Novare, et mérita ainsi la médaille de la valeur militaire (décret du 13 juillet 1849). Quelque temps après, le Roi, pour lui témoigner sa satisfaction pour ses loyaux services, lui fit parvenir la croix des Saints-Maurice et Lazare. Le 27 janvier 1851, le major Peytavin fut admis à prendre sa retraite, avec le grade de lieutenant-colonel. Il mourut à Chambéry, où il passa les dernières années de sa vie, le 23 janvier 1881, ne laissant pas d'enfants de son mariage avec Mademoiselle Joséphine Degaillon, d'Aix, qu'il avait épousée une année avant de prendre sa retraite.

PICHON (Joseph), de Drumettaz-Clarafond, pharmacien à Aix, fut un chimiste de mérite. Il aida Monsieur

Kramer, de Milan, à analyser l'eau de Saint-Simon, et le professeur Jamin dans les recherches spectrales qu'il fit sur les eaux d'Aix (1). Il a publié une *Notice sur la concentration des eaux minérales naturelles par le froid*, et divers articles de journaux, énoncés par le docteur Louis Guilland (2), sur des sujets de chimie, intéressant les eaux d'Aix et de Saint-Simon. Il prit aussi une part active à diverses expositions hydrologiques, en ce qu'elles concernaient les eaux d'Aix et de Marlioz. Dans un mémoire, présenté en 1858, à la Société médicale de Chambéry, il a cherché à démontrer la possibilité d'obtenir, à volonté, pour les eaux d'Aix du moins, soit du soufre pur, soit de l'acide sulfurique, selon le volume d'air que l'on fait intervenir à cet effet, par la mise en jeu d'un appareil très simple. Le travail que M. Georges Brun, chimiste-photographe à Aix, ex-élève en pharmacie chez M. Pichon, a publié sur la *Réduction du soufre dans les eaux minérales par le charbon*, peut être considéré comme œuvre posthume de Pichon. Ce chimiste est mort à Aix, le 16 septembre 1876, âgé de cinquante ans environ.

PIN (Jules), nommé architecte de la ville d'Aix, en février 1888. Il est président de la Société de gymnastique de cette ville, *Les Enfants du Revard*, depuis quelques années. C'est en cette qualité qu'il a assisté à la fête fédérale de gymnastique de Vincennes, en 1900, où il reçut les palmes académiques (5 juin), tandis que la Société obtenait des distinctions flatteuses et méritées.

---

(1) *Mémoires de l'Académie de Savoie*, tome 10, page XVII. — Le *cinquième Bulletin de la Société médicale de Chambéry* (1875-1877), page XI.

(2) *Bibliographie d'Aix*, page 97.

PINGEON (Jean), de Chevelu au diocèse de Belley. Il est mis en possession de la charge de chanoine d'Aix, le 12 mars 1666, acquise par échange fait avec le chanoine Arbarestier. Il démissionne le 8 mai 1672, après avoir desservi quelque temps Trévignin, et avoir eu à ce sujet des difficultés avec le Chapitre d'Aix, lequel déclare, le 23 mars précédent, qu'il n'a pas voulu rendre ses comptes, et a fait infraction aux sceaux mis sur la cure de cette paroisse, pour se garantir de ce qui lui est dû.

POCQUEL (François), médecin à Aix, où il mourut le 16 décembre 1675. Il avait épousé, en 1672, le 20 octobre, en secondes noces, Françoise Pimbel, et appartenait, ainsi que les suivants, à une ancienne et honorable famille de la bourgeoisie d'Aix.

POCQUEL (Joseph). Il est cité comme étant chirurgien à Aix, dans un acte du Chapitre, signé le 26 août 1699.

POCQUEL (François), médecin à Aix, en 1701.

POCQUEL (Claude-Louis), né à Tresserve, le 17 avril 1781, lieutenant d'infanterie, secrétaire de l'administration des gardes-du-corps de S. A. R. Monsieur. Il obtint des lettres de naturalité pour rester français, le 9 avril 1847.

POCQUEL (François-Prosper), né à Aix en 1757. Il fut d'abord receveur des gabelles à Montmélian, puis sous-lieutenant de carabiniers dans la Légion des Allobroges, dès sa formation, le 1er décembre 1792. Il se retira du service le 30 septembre 1793.

POLINGE (de CHISSÉ de), percepteur d'Aix, dès 1875, mort en cette ville, le 12 mars 1879. Il appartenait à une ancienne famille noble de la Roche (Haute-Savoie).

POMEREU (Comte Alexis de). Depuis 1854, environ, il séjourna beaucoup à Aix, où il fit le premier bâtir des villas et des chalets, dans les terrains qu'il avait acheté à l'ouest de la ville. Ces terrains aujourd'hui occupés par la gare du chemin de fer, son avenue, le boulevard de la Gare, et de nombreux hôtels, lui rapportèrent, par la suite, comme on pense, de très beaux bénéfices. Ainsi, il fut un des moteurs de la transformation d'Aix. La vie mondaine et brillante qu'il menait en cette ville, sa liaison avec la princesse Marie de Solms, née Bonaparte-Wyse, ses amitiés avec Alexandre Dumas fils, Eugène Süe, Ponsard, Tony Révillon et autres écrivains connus, et venant comme lui passer la saison à Aix, le mirent en relief pendant quelques années. Il était membre de la Société des Gens de lettres de Paris, et a publié, sous le pseudonyme de *Comte Ernest de Vornoux*, quelques articles littéraires, dans *les Matinées d'Aix*, et autres revues ou journaux de l'époque.

M. de Pomereu est mort à Aix, le 12 août 1870, laissant une somme de cinquante mille francs, pour secourir dix hommes de lettres, honorables, âgés et malheureux. Son corps repose au Héron (Seine-Inférieure), à côté de celui de sa mère, née d'Aligre, décédée à Paris, en 1866, laissant cent-cinquante mille francs aux pauvres de la commune du Héron.

PONCET (Jean), reçu chanoine de la Collégiale d'Aix, le 5 avril 1756, nommé desservant de Tresserve, le 23 février 1757, pour trois ans, mort le 8 mai de la même année.

PORTAZ, percepteur de la ville d'Aix (1872-1874).

POULLET (Michel), notaire à Aix, en 1435. Il était chargé du renouvellement des reconnaissances féodales, des feudataires et tenanciers du seigneur d'Aix.

PRUNIER (Nicolas), natif d'Aix, frère de la doctrine chrétienne sous le nom de frère Urbice. Il fut envoyé, en 1848, à Baltimore (Etats-Unis), où il a dirigé un pensionnat de jeunes gens.

PUGET (Pierre), chanoine de la Collégiale d'Aix, en 1669. Inhumé le 26 février 1676.

PUGIN (Jean), d'une famille de Saint-Innocent, se qualifie de notaire à Aix, en 1549. On trouve encore un Pierre Pugin, bourgeois d'Aix, en 1581.

PUISTIENNE (Joseph), docteur-médecin, exerçant l'art médical pendant la saison thermale, à Aix, depuis quelques années. Il a été sous-inspecteur de l'établissement des bains, de 1880 à 1889. Il est chevalier de la Légion d'honneur.

PUTHON (Georges), né à Luxeuil, en 1679, d'une famille originaire de Saint-Sigismond en Faucigny. Il fut le fondateur des importantes forges de la Chandeau et de Certigny, et mourut à Aix en Savoie, le 11 mai 1737 (1).

PUYS (Laurent du), archidiacre de la Collégiale d'Aix, en 1554.

---

(1) *Mémoires de la Société savoisienne d'histoire et d'archéologie*, tome XV, page 278.

RABUT (Jacques), bourgeois de Rumilly. Ayant épousé Anne, fille de Gaspard de Mouxy, seigneur du Villard, à Grésy, veuve de Gabriel Curtillet, le 18 février 1697, il se fixa dans la paroisse de Saint-Hippolyte-sur-Aix. Sa femme fut inhumée à Aix, le 28 décembre 1732.

RABUT (Joseph), fils du précédent, né à Aix, le 20 février 1698, curé-archiprêtre de Saint-André-de-Palenfrey, au mandement du Gua, diocèse de Grenoble. Il teste, le 17 mai 1770, en faveur de Louis et Antoine, fils de M. François Rabut, son neveu. Il lègue au Chapitre de l'insigne Collégiale d'Aix, la somme de vingt-cinq livres de Savoie, à la charge pour les doyens et les chanoines de faire deux services, à grande messe capitulaire : le premier lors de son décès, et le second à l'expiration de l'année. Plus, huit messes basses avant de commencer son anniversaire. Il lègue encore cent-

14

vingt livres aux pauvres de sa paroisse, une pièce de terre et pré à l'hôpital de Grenoble, etc., etc. Il vit encore en 1776, et fait, le 24 décembre de la même année, un codicille par lequel il donne à François et Joseph Rabut, frères, enfants de Me François Rabut, ses arrière-neveux, à partager entre eux deux, la moitié de la créance de 4.200 livres, que lui doit le marquis de Viennois, pour servir à leur éducation et prendre un état. Il donne ensuite l'autre moitié de la créance aux pauvres de Palenfrey.

RABUT (Louis), aussi fils de Jacques susdit, né à Annecy, fut notaire à Aix.

Il fut marié deux fois : 1o à Jeanne Dalphin, inhumée le 22 septembre 1746 ; 2o à Anna Michon, veuve de spectable Jacques Fleuret, le 3 juin 1747.

RABUT (François), fils du précédent, né au Viviers, fut notaire et substitut procureur au Sénat de Savoie, châtelain de la ville d'Aix. Il épousa Thérèse, fille de feu César Lambert, suivant acte dotal du 5 août 1756, Roissard, notaire à Chambéry. L'épouse constitue à son mari 8.000 livres pour ses droits paternels, plus « une garde-robbe bois noïer, deux services d'argent, deux couteaux à manche d'argent, un papillon à diamans, une douzaine et demie d'assiettes d'étain, quatre plats d'étain, un pot de fer, un chaudron » légués par son père, dans son testament du 13 septembre 1731. De ce mariage, le châtelain Rabut, très considéré à Aix, eut quatre fils, cités au testament et codicile du curé de Palenfrey, énoncés précédemment; il fut inhumé à Aix, en 1771, le 31 août.

RABUT (Jacques), fils d'Antoine et de Claudine

Gay, fut chanoine de la Collégiale d'Aix, en 1717, chantre et procureur du Chapitre en 1735, 1736 et 1737, recteur de la chapelle des saints Sébastien et Nicolas à Chindrieux, en 1741; archidiacre dès août 1746. Il fut choisi, dans l'assemblée capitulaire du 15 mars 1748, pour remplacer le doyen décédé, en qualité de grand vicaire. Le 29 mars 1753, il teste dans sa maison d'Aix, devant Me Perrière, notaire, en faveur de sa sœur Anne, femme de François Gay, léguant : 1o à Claudine Gay, sa nièce, la maison qu'il habite, numéro 286 de la mappe, avec tout ce qu'elle contient, et un jardin situé derrière l'écurie du sieur Claude Perret; 2o à Paul Gay, son neveu, les immeubles qu'il possède à Pugny et Châtenod, plus les vignes situées au Cret Belmont, numéros 1497, 1504 et 1506 de la mappe de Mouxy. L'archidiacre Rabut fut inhumé deux jours après dans l'église d'Aix.

RABUT (Louis), fils de François susdit, notaire à Aix en 1752. Il épousa : 1o Marguerite Girod, le 30 novembre 1777; 2o Jeanne Dubois, le 4 juillet 1780. Le 1er mai 1783, il vend une maison à Aix, partie du numéro 310 de la mappe, à Françoise Curtelin. Le 12 février 1784, il en vend une autre au sieur Jacques Delabaye, pour le prix de six mille livres. Dès lors, il semble avoir habité Saint-Innocent, où il vit encore en juin 1796.

La famille Rabut est encore représentée à Aix et à Paris. M. François Rabut, professeur d'histoire au lycée de Dijon, décédé en 1894, auteur de plusieurs ouvrages estimés, sur l'histoire de la Savoie, et son frère Laurent, professeur de dessin, conservateur du Musée de Chambéry, mort depuis quelques années, appartenaient à une branche de la même famille, établie dans cette ville.

RAFIN (Jean), notaire à Aix, en 1368.

REBAUDET (Jacques), fils de François, notaire et greffier à Aix, de 1821, environ, à 1863 (1).

REBAUDET (Claudius), fils du précédent, d'abord membre du Conseil d'arrondissement, puis élu membre du Conseil général, pour le canton d'Aix, le 1er août 1886 et réélu le 31 juillet 1892. M. Rebaudet a été président du Conseil d'administration du Cercle, de 1892 à 1894, commandant du corps des pompiers, de 1883 à 1895. Il a publié, en 1887, un *Rapport*, fait le 12 avril de la même année, *au Conseil municipal d'Aix* (2), au sujet d'un projet de route, donnant accès sur la montagne du Revard, en passant par Trévignin, le Montcel et la Clusaz, sur un parcours d'environ douze kilomètres 500 mètres. Cette route est restée à l'état de projet, par suite de l'exécution du chemin de fer à crémaillère du Revard.

M. Rebaudet est du nombre des hommes d'Aix qui ont le plus travaillé à sa prospérité; aussi est-il justement populaire dans cette ville.

RENARDEL (Prudent), recteur des chapelles de Notre-Dame de Pitié, dans l'église de Yenne, de Notre-Dame de Consolation, dans celle de Leyrieux, et de Saint-Jean-Baptiste, dans les petits cloîtres de Yenne. Il échange ces bénéfices avec révérend Claude de Crose, le 15 juillet 1673, contre le canonicat d'Aix, dont il est mis en possession le 23 du même mois. Le 29 novembre 1674, le Chapitre, pour le punir des injures qu'il avait

(1) *Le Courrier des Alpes* lui a consacré un article nécrologique dans son numéro du 14 juillet 1863.

(2) Imp. à Chambéry, à l'Imprimerie Nouvelle. In-8° de 23 pages.

échangées publiquement avec révérend de Montisel, et avoir en même temps brisé, par colère, la table du chœur, lui impose une amende d'un demi-veissel de froment à prélever sur sa prébende, et le condamne à jeûner au pain et à l'eau, pendant huit jours. Le 6 septembre 1679, le Chapitre décide que les frais funéraires de révérend Renardel, se montant à 22 florins, seront supportés par la caisse de la Collégiale, ce qui nous donne à peu près la date de sa mort.

RENDALL, médecin anglais, établi à Aix depuis l'année 1886, environ.

REVEL (Antoine de), d'une famille noble de Méry, chanoine de la Collégiale d'Aix, inhumé en cette ville le 9 avril 1623.

REVEL (Claude-François), chanoine de la Collégiale d'Aix, inhumé dans cette ville, en 1750, le 15 octobre.

REY (Philippe), chanoine de la Collégiale d'Aix, en 1586. Il appartient, ainsi que les suivants, à une ancienne et honorable famille bourgeoise de cette ville. Cette famille possédait à Saint-Innocent une maison de campagne, aujourd'hui habitée par M. le baron Despine, où sont restés les anciens titres de la maison (1).

REY (François), châtelain du marquisat d'Aix.

---

(1) A propos de la famille Rey, je dois rectifier une erreur que j'ai commise dans *l'Histoire d'Aix-les-Bains* (t. I, p. 559). Le fragment de la relique de la Vraie-Croix qui est chez M. le baron Despine, à Saint-Innocent, n'a pas été soustrait par des membres de cette famille, elle l'a reçu de la famille Rey.

De son mariage avec Claudine Pavy, il eut un fils, appelé *Denis*, baptisé le 29 janvier 1629.

REY (Joseph), bourgeois d'Aix et châtelain de la baronnie de Montfalcon, en 1698.

REY (Jacques-Charles), baptisé le 26 décembre 1731, fut notaire et commissaire d'extentes. Il avait épousé Claudine Chanterel.

REY (François), né à Aix le 31 décembre 1732, ordonné prêtre en 1757, puis chanoine du Chapitre collégial de cette ville. Il signe pour la première fois au registre capitulaire le 1er décembre 1756. Le 24 février 1758, il est nommé desservant de Tresserve, et renommé au même poste, le 30 juin 1777. En 1807, il se retira à Saint-Simon, et plus tard à Saint-Innocent, où il mourut le 3 avril 1820. A la Révolution, il prêta le serment constitutionnel, mais refusa celui d'Albitte et fut en prison dix mois pour cela. Sa rétractation est du 26 juillet 1795.

REY (Joseph-Alexis), né à Aix en 1754. Il servit d'abord pendant huit ans dans *Rouergue,* puis une douzaine d'années dans le régiment *Royal-Italien.* Il fut aussi capitaine de grenadiers dans le 1er bataillon des volontaires du Mont-Blanc. Ayant été blessé grièvement à l'assaut du château de Cossaria, en Italie, le 13 avril 1796, il dut se retirer du service pour rentrer dans sa patrie.

REYDELET (Jean), chanoine de la Collégiale d'Aix, en 1518.

REYDET (Nicolas-Marie), insinuateur à Aix, de 1852 à 1858.

RIDDES (Jean-Pierre de), chanoine de la Collégiale d'Aix, en 1639.

RICHARD (Philibert), du Bourget, chanoine de la Collégiale d'Aix, nommé desservant de la paroisse de Tresserve, pour six ans, le 5 décembre 1693.

ROBILANT (Comte de), colonel de la légion des campements, élève du célèbre Alfieri, qui fit les plans du théâtre royal de Turin, et de plusieurs autres monuments remarquables. Outre les occupations que lui donnait le commandement de son régiment, et la direction de certains travaux d'ingénieurs, que faisaient exécuter ses officiers, le comte de Robilant était spécialement chargé des dessins et des décorations nécessaires pour les fêtes de la Cour et de la ville de Turin. On trouve encore les dessins qu'il fit graver, et qui furent faits pour les fêtes du mariage du comte de Provence (plus tard Louis XVIII), avec la princesse Joséphine, fille du roi Victor-Amédée III.

Ce fut lui que ce prince choisit pour exécuter son projet de doter la ville d'Aix d'un établissement thermal. Étant en Savoie, au mois d'août 1775, avec son frère le duc de Savoie, il chargea le comte de Robilant de visiter les lieux et de présenter un projet. De Robilant comprit tout de suite le parti que l'on pouvait tirer des eaux thermales, et, aidé du comte de Loche, lieutenant dans son régiment, il se mit en devoir de présenter bientôt à Sa Majesté un plan digne de l'importance de ces eaux. Ce plan, approuvé par un comité nommé par le Roi, ne fut malheureusement pas accepté par le gouvernement, trompé en cela par de mesquines idées d'économie et les vues étroites de l'intendant de la province. Ce fut un grand crêve-cœur pour le comte de Robilant, mais il dut retrancher de son plan la partie concernant les bains de vapeur, afin de réduire la dépense. C'est ainsi que le premier établissement thermal fut exécuté, et quoi qu'il ne fut pas complet, il n'en marque pas moins d'un point lumineux l'histoire de nos thermes. C'est en souvenir de ce bienfait que nous avons voulu consacrer ici quelques lignes à la mémoire du comte de Robilant.

ROCHETTE (Antoine de la), doyen du Chapitre collégial d'Aix, en 1570 (Voir mon *Histoire d'Aix-les-Bains,* tome 1er, page 505).

ROCVILLE (Etienne-Marie), né à Collonge, au pays de Gex, le 14 juillet 1734; ordonné prêtre en 1757, docteur en théologie. Voici ce que M. l'abbé Morand, secrétaire perpétuel de l'Académie de Savoie, dit de cet ecclésiastique (1).

« *Avant que la Savoie fut envahie, en 1792, Rocville* (2), *qui, à son titre de curé de Chevry, ajoutait celui d'aumônier de la* résidence de France, *à Genève, et qui, avec une taille avantageuse, avait quelque talent, espéra un moment devenir évêque constitutionnel. Il prêta le premier serment et satisfit d'abord à toutes les exigences des révolutionnaires. Mais, devant le serment d'Albitte, il réfléchit et recula, au point de se faire écrouer dans les prisons de Nantua. La chronique ajoute que, dans sa certitude d'être nommé évêque du Mont-Blanc par l'assemblée des électeurs du*

---

(1) Documents publiés par cette Académie, tome VII, page 698.

(2) Selon M. Morand, son nom serait *Réville* ou *Recville;* j'ai suivi l'orthographe trouvée au registre des délibérations municipales d'Aix. On trouve des détails curieux sur la vie de cet ecclésiastique dans l'ouvrage que M. l'abbé Lavanchy, curé de Thonon, a publié en 1894, sous le titre : *Le diocèse de Genève pendant la Révolution*, vol. 1er, page 4 à 15. M. Lavanchy écrit *Recville.*

département, il avait déjà en réserve sa soutane violette; il n'obtint qu'une seule voix. Après le rétablissement du culte, il fut nommé curé d'Aix-les-Bains, le 21 prairial, an onze (10 juin 1803); sa mort eut lieu le 29 novembre 1818. »

ROGÈS (Jean-Baptiste), né à Aix, docteur en médecine de l'Université de Turin, en 1838, mort à Troyes, en février 1868, où il était trésorier de l'Association des médecins de l'Aube (Voir pour plus amples détails, le *Journal des Connaissances médicales,* année 1868, article nécrologique par M. le docteur Caffe).

ROISSARD. Cette famille a autrefois fait partie de la bourgeoisie d'Aix, où elle possédait une maison, démolie en 1855, pour agrandir les thermes, et une villa près de Marlioz. Au commencement du XVIIIe siècle, on trouve spectable *Joseph,* marié à Madeleine Goddat puis leur fils *Joseph,* procureur et bourgeois, de Saint-Léger, à Chambéry, marié le 31 juillet 1732, à Thérèse Vidal. Citons encore : *Charles,* notaire en 1756, licencié en droit, qui épousa Etiennette Laracine, et leurs fils *Jean, Louis* et *François,* qui figurent sur la première liste des conscrits, en 1794, *Charles,* élu juge de paix du canton d'Aix, le 6 mars 1802 (15 ventôse an X). Roissard *Pierre,* qui fut receveur des douanes à Chambéry, en 1824, et banquier des sels et tabacs, en 1832 et 1835. Quoi qu'étant plus de cette ville que d'Aix, citons encore *Louis* Roissard, notaire, et son fils *Charles,* avocat de beaucoup de talent, maire de Chambéry, mort dans cette ville le 23 avril 1887, à l'âge de quarante-neuf ans.

ROLLAND (Claude de), co-seigneur de Mouxy, capitaine dans le régiment de Savoie, de 1764 à 1766.

En 1784, il est colonel et habite la ville d'Aix. Il prit le titre de co-seigneur de Mouxy, mais, ayant cédé ses droits à son frère, en 1748, pour 2.600 livres, il ne le prit plus dès lors. Il fut décoré de l'ordre des Saints-Maurice et Lazare, et mourut à Aix, le 7 septembre 1784.

La famille de Rolland de Mouxy, originaire de la Biolle, acquit le fief de Mouxy, après l'extinction de la branche de la famille de Mouxy, qui l'avait longtemps possédé, par le mariage d'Eléonore, fille d'Hugonin de Mouxy, seigneur de Mouxy, avec Jean-Baptiste de Rolland, de la Mollière, qui vivait en 1639 et 1662.

Les de Rolland de Mouxy avaient pour armoiries, *un griffon rampant à senestre,* mais je ne puis dire les émaux. J'ai trouvé des empreintes de cachet, où l'on voit qu'ils écartelaient leurs armes avec celles de la maison de Mouxy.

ROLLAND (Joseph de), seigneur de la maison forte de Mouxy, mineur en 1730. Il épousa, en 1748, le 30 novembre, Jaqueline de Loisinge de Même, de la Roche-en-Faucigny. Après avoir acheté, le 23 septembre 1770, de Joseph Fleury, de Saint-Amour, proto-médecin à Chambéry, une maison située sur la place d'Aix, nº 152 de la mappe, consistant en deux appartements, avec tinage, pour le prix de 2.000 livres, il se fixa dans cette ville, et fut élu syndic le 26 décembre 1779. Il vit encore en 1790, et laissa une seule fille, *Françoise,* qui fit passer la maison forte de Mouxy, et les autres biens de sa famille à son mari, noble Pierre-Humbert de Viguet (acte dotal du 4 février 1783).

ROLLIN (Pierre), chanoine de la Collégiale d'Aix, en juin 1689. Il démissionna vers le 10 octobre 1807.

ROND (Ambroise), protonotaire apostolique, aumônier de Jean de Seyssel, comte de la Chambre, vicomte de Maurienne, nommé chanoine du Chapitre d'Aix par ce dernier et son fils Charles, baron d'Aix, le 3 avril 1539.

ROSSET (Nicolas), médecin à Aix en 1719. Il appartenait à une famille de Méry, près de Chambéry.

ROSSET (Joseph), chanoine de la Collégiale d'Aix, inhumé dans cette ville, le 26 juillet 1721.

ROSSI (Louis), prieur commendataire du prieuré de Sainte-Marie, à Aix, en 1514 et années suivantes (Voir mon *Histoire d'Aix-les-Bains*, tome Ier, page 503).

ROSSI (Charles), doyen de la Collégiale d'Aix, après le précédent (Voir mon *Histoire d'Aix-les-Bains,* tome Ier, page 504).

ROUX (Claude), chanoine de la Collégiale d'Aix, en 1660; nommé desservant de Tresserve, en 1666; inhumé à Aix, le 25 mars 1669.

ROUX (Louis), exerce la médecine à Aix en 1713.

RUFFIER (François), fils de Georges, né à Coligny en Franche-Comté, reçu docteur en chirurgie, à l'Université de Turin, le 6 juillet 1768. Il exerça son art à Aix, et fut élu syndic de cette ville le 26 décembre 1780, et une deuxième fois en 1788. Il vit encore en 1805.

RUTE (Marie de), fille de sir Thomas Wyse, ministre plénipotentiaire de l'Angleterre en Grèce, et de la princesse Lœtitia Bonaparte, celle-ci fille de Lucien Bonaparte, frère de Napoléon Ier. Madame de Rute a été l'une des étoiles les plus brillantes qui ai∫paru, dans la constellation si nombreuse des étrangères de distinction, que la ville d'Aix a vu passer depuis un demi-siècle, c'est à ce titre que nous lui devons une mention ici; du reste, son goût pour les lettres, et le mérite littéraire des ouvrages qu'elle a publié, la recommandent pour un article biographique.

Dans les derniers jours de la présidence du prince Louis-Napoléon, on la maria, à quinze ans, à un jeune Wurtembergeois, M. Frédéric de Solms. Dès lors, son goût pour les choses de l'esprit se manifesta par les réunions qu'elle tenait dans ses salons, et où l'on trouvait toutes les distinctions de talent, de naissance, de patriotisme et de beauté. On y remarquait Ponsard, Béranger, Sainte-Beuve, Gérard de Nerval, Dumas et de Lamennais. Plus tard, Eugène Süe et Victor Hugo. Mais ces salons étaient aussi un foyer d'opposition à la politique impériale. Napoléon III l'exila avec quelques-unes des célébrités tapageuses de son entourage. C'est alors qu'elle vint à Aix, habiter un petit chalet, tandis qu'Eugène Süe plantait sa tente sur les bords du lac d'Annecy.

Une année après, en face du petit chalet, s'ouvrait un théâtre léger et coquet, tapissé de roses, de mousse et de feuillage, où l'on joua pendant bien des années la comédie de société. Madame de Solms, qui en était directrice, fit d'abord donner des pièces de Marivaux, de Musset, de T. de Barrière, de Dumas, puis ensuite des comédies de sa composition. Voici le titre de quelques-unes : *Quand on aime trop on n'aime pas assez; Madame de Staël à Coppet; Corrine; L'Épreuve; Aux pieds d'une femme; Les Suites d'un ménage de garçon.*

Les acteurs, quand ils n'étaient pas les auteurs, étaient toujours des gens distingués : marquis, comtes, princesses et dames de haut lignage. Le *Théâtre du Chalet* eut ainsi un grand succès, et produisit des bénéfices, dont les pauvres ont gardé le souvenir. De 1858 à 1860, Madame de Solms, avec le concours des poètes et littérateurs de son entourage, a publié une revue artistique et littéraire, *les Matinées d'Aix-les-Bains* (1), où l'on trouve comme un reflet de cette vie élégante, échevelée, insouciante, que menait les personnes enchainées au char de *la Princesse*, comme on l'appelait alors.

Après l'annexion de la Savoie à la France, en 1860, Madame de Solms rentra à Paris, où elle écrivit pendant quelque temps dans les journaux *le Pays* et *le Constitutionnel*, des causeries diverses. Par la suite, elle revint l'été à Aix, publia le *Journal du Chalet*, en 1863, et *les Soirées d'Aix-les-Bains*, en 1865, et divers ouvrages dont on trouvera la liste ci-après.

En 1862, s'étant rendue en Italie, elle captiva Monsieur Urbain Ratazzi, premier ministre du roi Victor-Emmanuel, et l'épousa. Cette union ne fit qu'entretenir ses goûts littéraires; elle écrivit plusieurs livres, fonda le *Courrier de Florence* et *les Matinées italiennes*. Elle publia encore *Cara Patria*, échos italiens, 1873, in-8°. A ses moments de loisir, Madame Ratazzi s'occupait aussi de dessin et de peinture. Ses aquarelles, par les tons vigoureux qui les font ressembler à des tableaux à l'huile, offrent à l'amateur un certain mérite.

Après la mort de M. Ratazzi (1873), pour laisser de l'un des fondateurs de l'unité italienne, et d'un homme qu'elle avait estimé, un souvenir durable, elle écrivit et publia l'ouvrage important, ayant pour titre : *Ratazzi et son temps* (2).

(1) 4 volumes in-4°.

(2) Voir dans la *Savoie thermale*, numéro du 6 septembre 1875, un article signé : Raoul de Marsay.

Quelque temps après, elle se remaria de nouveau avec M. de Rute, gentilhomme espagnol, mort à Grenade, le 6 avril 1889, âgé de quarante-cinq ans. Dès qu'elle fut en Espagne, Madame de Rute fonda *les Matinées espagnoles,* revue littéraire où l'on trouve encore des articles concernant Aix. C'est ainsi que dans l'année 1890, on trouve une *Lettre d'une voyageuse à Madame Isabelle de Villanova* (1). Dans cette lettre, Madame de Rute raconte à sa fille, la vie qu'elle a mené autrefois à Aix, avec les célébrités politiques et littéraires qu'elle y rencontrait.

Outre les œuvres que nous avons déjà citées, Madame de Rute a encore publié :

1° *Le portrait de la Comtesse,* comédie en un acte et en vers. Imprimé à Paris chez Degorge-Cadot; in-8°, de 63 pages;

2° *Une nuit de noce,* comédie;

3° *L'amour à Coppet,* comédie;

4° *Pour un doigt,* comédie;

5° *La locanda del Madona,* comédie;

6° *L'amour se change en haine aussitôt qu'il expire,* comédie;

7° *Le Muet qui parle,* comédie;

8° *Le Chant du Cygne,* comédie;

9° *L'ombre de la mort. — Le roman d'Aline.* In-8° de 172 pages, imp. à Paris, en 1875. 1 vol., en vers;

10° *Le piège aux maris,* avec gravure, 1 vol.;

11° *Les débuts de la Forgeronne,* avec gravure, 1 vol.;

12° *La Mexicaine,* avec gravure, 1 vol.;

13° *Le chemin du Paradis* (Richeville), 1 vol.;

(1) Cette lettre a été reproduite dans *l'Avenir d'Aix-les-Bains,* numéros 63, 64 et 65, de l'année 1890. Mademoiselle Isabelle-Roma Rattazzi a épousé don Luis de Villanova, député aux Cortès.

14° *Si j'étais Reine !!* 1 volume;

15° *Le Rêve d'une Ambitieuse*, 1 volume;

16° *Florence*, 1 volume;

17° *Nice la Belle*, 1 volume;

18° *La Chanteuse des Colonies*, 2 volumes;

19° *L'Espagne moderne*, 1 vol. in-8° de 253 pages. Imprimé à Paris, chez Dentu, en 1879;

20° *Cara Patria*. Echos italiens. Paris, 1873;

21° *Nouvelle Revue Internationale*;

22° *Une Époque. Emilio Castelar (sa vie, son rôle politique)*. Félix Alcan, éditeur, Paris, 1889.

**AGE (Daniel)**, chanoine de la Collégiale d'Aix, dès le 25 juin 1739 environ, inhumé dans l'église de cette ville, le 25 février 1742.

SALLE (François-René de la), présenté comme chanoine de la Collégiale d'Aix, par le marquis d'Allinges, le 14 juillet 1792, en remplacement du chanoine Favre. L'institution n'eut pas lieu à cause des événements politiques qui surgirent deux mois et demi après. Il prêta le serment constitutionnel, mais refusa de prêter celui d'Albitte, et fut incarcéré à Chambéry, de 1794 à 1796 (1).

SANDERS, docteur médecin à Aix, en 1898, rue de Genève.

SEIGLE (François-Joseph), médecin à Aix, en 1683. Il signe, le 17 novembre 1684, une requête pour

(1) Cardinal Billiet. *Mémoires*, pages 304 et 511.

le collège de médecine de Chambéry, et vit encore en 1695.

SERRIÈRES (César), doyen de la Collégiale d'Aix, en 1658 (Voyez mon *Histoire d'Aix-les-Bains,* tome Ier, page 507).

SEYSSEL. On trouvera la notice des personnages de cette famille, qui devraient figurer ici, dans mon *Histoire d'Aix-les-Bains,* tome Ier.

SILVIUS, doyen du Chapitre de la collégiale d'Aix (Voir mon *Histoire d'Aix-les-Bains,* tome Ier, page 504).

SIRACE (Jean-Jacques de), né au château de Charvaix, près de Montmélian, le 2 octobre 1696, de François et d'Irène de Commène. Il signe pour la première fois au livre capitulaire de la Collégiale d'Aix, le 26 juin 1719, et se qualifie d'archidiacre, le 26 juin 1724, étant à peine âgé de vingt-huit ans. Il remplit en même temps la charge de procureur (1724-1730), et le Chapitre le nomme grand-vicaire du doyen de Montpon, en 1731, le 20 avril. Le 23 mars 1733, il démissionne de sa charge de chanoine archidiacre, puis nous le retrouvons curé de Saint-Baldoph, près de Chambéry, lorsque les Espagnols saccagent cette paroisse, en 1741 (1).

Il reprit par la suite sa charge d'archidiacre du Chapitre d'Aix, et dans un acte de 1753, il est non seulement qualifié ainsi, mais encore de recteur de la chapelle de Saint-Martin, à Chiéri (Piémont). Il fut enseveli au caveau des chanoines, dans l'église d'Aix, le 6 juin 1781.

(1) Le récit de cet événement est consigné dans les *Mémoires de l'Académie de Savoie,* tome I, page 37.

SOLAN (Henri-Justin de SABOULIES de), ancien capitaine d'artillerie, ingénieur de la Compagnie générale des Travaux hydrauliques, qu'il représentait à Aix depuis quelques années. Mort dans cette ville, le 2 mai 1892, à l'âge de quarante-deux ans.

SOLMS (Madame Marie de), voyez Rute.

SONTHONAZ (François), dit Toquet, de Nantua. Il reçoit des lettres de noblesse, l'année 1591, le 7 décembre. Ses armoiries sont : *de gueules au chevron renversé d'argent, chargé d'une étoile en pointe de sinople, accostée de deux autres, l'une en chef, l'autre au fond d'or.* Devise : *Speravi et spero.* Il mourut, selon les Manuscrits du châtelain Domenget, à Aix, le 25 juin 1648. On trouve encore un Santhonaz François, né à Apremont-en-Bugey, notaire à Aix et châtelain de Tresserve, en 1639. Il est possible que celui-ci soit le fils du premier; quoi qu'il en soit, la famille paraît s'être continuée en Bugey, car on trouve un Santhonaz, député au Conseil des *Cinq-Cents.*

SPINA (Petrus), notaire à Aix, en 1279. Il est possible que ce *Pierre d'Espine,* appartienne à la même famille que celle dont nous avons parlé au mot Despine.

STEMBOCK (Comte Adam-Maximowich), capitaine de cavalerie dans la Garde Impériale russe, décédé à Aix, du 3 au 10 septembre 1893, âgé de 45 ans.

TABRELET (Pierre-Guérin), du diocèse de Genève. Il était sous-diacre, lorsqu'il fut nommé chanoine de la Collégiale d'Aix, le 26 avril 1758, par Messire Joseph-Joachim d'Allinges, marquis de Coudrée et d'Aix, et mis en possession de cette charge, le 11 mai suivant, par acte Perrière, notaire. Le Chapitre le condamne, le 17 janvier 1761, à une amende d'un quart de froment pour chaque messe matinière manquée, et un quartan pour chaque grand'messe également omise. Il démissionne de chanoine, le 13 août 1762.

TARAVEL (Jean-Baptiste), chanoine de la Collégiale d'Aix, en 1678, procureur du Chapitre, dès le 25 juin 1682, inhumé dans la chapelle du Rosaire, le 21 octobre suivant.

TATIN (Étienne), né à Aix, le 20 avril 1772, préposé des douanes au Pont-de-Beauvoisin, naturalisé français, le 13 avril 1816 (1).

TAVEL (Jacques), prieur du prieuré de Sainte-Marie d'Aix, en 1500 (Voir mon *Histoire d'Aix-les-Bains*, tome Ier, page 481).

TAVERNIER (Pierre-François), du diocèse de Besançon, nommé chanoine d'Aix, par le comte de Poitiers, le 30 mai 1699, institué par l'archidiacre Joyre, le 19 juin suivant.

TERRIER (Louis de), chanoine archidiacre de la Collégiale d'Aix, en 1618; inhumé dans cette ville, le 9 mars 1625.

TERRIER (Claude de), seigneur de Revel, chanoine du même Chapitre. Cabias en parle, au chapitre X de son ouvrage : *Les vertus merveilleuses des Bains d'Aix,* comme étant âgé d'une trentaine d'années, et ayant été guéri d'une paralysie générale par les eaux thermales, à l'époque où il écrivait (1623).

THOMASSIN, chanoine de la Collégiale d'Aix, en décembre 1667.

THORAS (Jean de), doyen du Chapitre collégial d'Aix, de 1659 à 1679 (Voyez mon *Histoire d'Aix-les-Bains*, tome Ier, page 507).

TIOLLIER (Barthélemy), fils d'André, notaire

---

(1) *Mémoires de la Société savoisienne d'histoire et d'archéologie,* tome XVII, page 286 et 378.

à Aix, de 1866 à 1886. Mort dans cette ville, le 1er novembre 1889, à l'âge de cinquante-six ans.

TISSERAND (Louis), percepteur de la ville d'Aix en 1860.

TOUR (Claude-François de la), doyen du Chapitre collégial d'Aix, de 1680 à 1693 (Voyez mon *Histoire d'Aix-les-Bains*, tome Ier, page 509).

TOURT (Michel). Il est mentionné comme chanoine, pour la première fois, au livre capitulaire de la Collégiale d'Aix, le 26 juin 1733. Nommé desservant de la paroisse de Saint-Sigismond, le 25 juin 1737, il occupa ce poste jusqu'à sa nomination à Trévignin, qui eut lieu le 26 août 1750. Il fut aussi procureur du Chapitre, de 1738 à 1750, et desservant de Pougny jusqu'au 17 avril 1776. Inhumé dans l'église d'Aix, le 20 septembre 1782.

TROLLIET (Jean-François), doyen de la Collégiale d'Aix, de 1531 à 1545 (Voyez mon *Histoire d'Aix-les-Bains*, tome Ier, page 505).

TURC (François), médecin, inhumé à Aix, le 11 février 1642. Il appartient, ainsi que les suivants, à une ancienne famille de la bourgeoisie d'Aix, dont les membres se retrouvent dans les vieux titres des XVIe et XVIIe siècles.

TURC (Hugues), avocat, inhumé à Aix, en 1649, le 2 août. Il eut de Béatrix ou Ancelly Cohendet, plusieurs enfants.

TURC (Maximilien), fils du précédent, baptisé le 24 février 1619, docteur ès-droits, inhumé à Aix, le

19 décembre 1654. Il fut marié à Claudine Pignière. Son fils *Georges*, praticien en 1673, vit encore en 1687.

TURC (Hugone), chanoine de la Collégiale d'Aix, au XVIIe siècle.

TURC (François), fut aussi chanoine et trésorier du même Chapitre, et fut inhumé dans l'église d'Aix, le 5 juillet 1650. De la même famille était *Françoise Turc*, qui possédait, en 1675, à Aix, un logis ou pendait pour enseigne : *Les Trois Rois*.

VAGNOUZ (J.-L.). Il signe pour la première fois au registre capitulaire de la Collégiale d'Aix, en qualité de chanoine, le 26 juin 1714. Le 26 juin de l'année suivante, il est nommé desservant de la paroisse de Saint-Sigismond, pour quatre ans.

VALET (Claude), prieur du prieuré de Sainte-Marie d'Aix, en 1422 (Voyez mon *Histoire d'Aix-les-Bains*, tome Ier, page 478).

VANEL (François-Denis), notaire et commissaire d'extentes, à Aix, en 1736; inhumé dans cette ville, le 15 septembre 1747. Il épousa une demoiselle de Montfalcon du Cengle, sœur de Madame de Rolland de Mouxy.

VARICOURT (Adèle et Alix ROUPH de), filles de feu le chevalier Gaspard-Anthelme Rouph de Varicourt, la première née à Genève, la deuxième à Virignin (Ain), élisent domicile à Aix, le 27 juin 1853, par l'organe de leur fondé de pouvoir, M. le docteur Davat. Ces demoiselles s'établirent dans la maison de Rochette, qu'elles achetèrent alors du sieur Louis-Polixène Mermoz. La famille Rouph de Varicourt, originaire d'Angleterre, se fixa à Versonnex, dans le pays de Gex. Transportée plus tard en Savoie, puis en France, elle embrassa le culte de Calvin, puis revint au catholicisme (1).

VEILLET (Louis), notaire à Aix, en 1405.

VEILLET (Raymond), notaire à Aix, en 1488.

VERDAN (François), percepteur d'Aix, en 1858.

VERDUN (Jean-François). Il signe, pour la première fois, comme chanoine d'Aix, au registre capitulaire, le 4 octobre 1752, et fut desservant de Tresserve, dès le 27 juin 1757, jusqu'au 24 février 1758, époque où il prend possession de la cure de Sonnaz, commune près de Chambéry.

VESCO, percepteur d'Aix, de 1866 à 1871.

VEYRAT (Auguste-Émile). Son père était de Manigod, dans la Haute-Savoie, mais lui naquit à Paris, le 7 juillet 1800, et fut reçu docteur en médecine de la Faculté de cette ville, le 19 mars 1825. Il se fit recevoir aussi, en 1842, médecin de la Faculté de Turin, et devint médecin en chef de l'hôpital civil des cholériques, à Varsovie. Sa belle conduite pendant le fléau lui valut la médaille militaire de Saint-Stanislas de Pologne, celle de Juillet, le 13 février 1832, et la croix de la Légion d'honneur, en juillet 1833. Il exerça la médecine à Aix, de

(1) Voyez Brossard. *Histoire du pays de Gex*, page 584.

1846 à 1858, fut commandant de la garde nationale de cette ville, en 1848, et mourut à l'Hôtel-Dieu de Chambéry, le 12 avril 1868 (1). Il faisait partie de plusieurs sociétés scientifiques, entr'autres de la Société médico-chirurgicale de Turin, et de l'Association des médecins de la Savoie.

WHALLEY (Samuel). Cet aimable anglais a vécu longtemps à Tresserve, près d'Aix, où il possédait la légendaire *Maison du Diable,* appelée par lui *Château de Bellevue.* Il doit être mentionné ici comme bienfaiteur de la ville d'Aix, car il donna de fortes sommes pour la construction de la chapelle anglicane, et aussi pour les œuvres catholiques. Il est décédé à Nice, le 5 février 1883.

VIDAL. Cette ancienne et honorable famille était divisée en trois branches, au XVIIe siècle. Si l'on en juge par les registres paroissiaux, dont M. T. Chapperon nous a laissé des extraits, l'une était établie dans la ville, l'autre à Saint-Simon et la troisième à Saint-Paul. Cette famille nombreuse, très bien encore représentée de nos jours, a produit des hommes distingués. Faute de renseignements plus complets, je ne puis citer que les suivants (2).

VIDAL (Joseph), notaire à Saint-Simon, bourgeois d'Aix et capitaine-lieutenant de justice, inhumé en 1639, le 30 octobre. Marié à Claudine Rey.

---

(1) Voir le *Journal du docteur Caffe,* année 1868, et le *Bulletin de l'Association des Médecins de la Savoie,* même année, page 9.

(2) Dans un document du 10 novembre 1358, il est parlé des hoirs Vidal *(Heredes Bertheti Vidalis).*

VIDAL (Joseph), fils du précédent et aussi notaire à Saint-Simon, inhumé le 6 février 1663. Marié à Françoise Bernard.

VIDAL (François), notaire et commissaire d'extentes, en 1660, marié à Jacqueline Gachet.

VIDAL (Jean-Claude), fils du précédent, baptisé le 30 novembre 1660, notaire, marié le 31 janvier 1692, à Marie Domenget. Celle-ci, inhumée le 13 décembre 1713, à l'âge de quarante-deux ans, et son mari en 1717, le 29 janvier, dans la nef de l'église d'Aix.

VIDAL (Claude), notaire, en 1680, nommé secrétaire du Chapitre d'Aix, le 25 juin 1688, pour le gage annuel de dix florins. Le 25 juin de l'année suivante, le Chapitre, pour des *causes importantes*, révoque sa nomination, et nomme à sa place Jean-Claude Domenget. Sans doute, ces *causes importantes* n'avaient pas atteint son honneur, car nous le trouvons ensuite, jusqu'en 1716, secrétaire du tabellion (insinuateur). Il épousa Thérèse Curtillet, le 20 avril 1686, et fut inhumé dans l'église d'Aix, le 16 mai 1736.

VIDAL (Etienne), fils de François, baptisé à Aix, le 14 octobre 1711, chirurgien en 1737, conseiller municipal en 1766 et 1773, marié à Marianne Violet. Il vit encore en 1779.

VIDAL (Jean-Louis), fils de François, tient à Aix, en 1772, le logis de *l'Écu de France*.

VIDAL (Joseph), médecin et célèbre rebouteur, né à Saint-Simon, inhumé dans l'église d'Aix, en 1736, le 16 avril. Benoîte Finat, sa veuve, mourut sept jours après lui.

VIDAL (Joseph), fils de Joseph, né le 1er janvier 1750. Le conseil de la ville d'Aix le présente, en 1768, le 17 juillet, pour occuper une place vacante et gratuite à la Faculté de chirurgie du royal collège des provinces à Turin. Ce jeune homme était alors au collège de Chambéry, et n'avait plus que sa mère.

VIDAL (Georges), fils de Joseph, soutint sa thèse devant la Faculté de médecine de Montpellier, au mois de mars 1806, et exerça ensuite la médecine dans sa ville natale. Il prit part aux différentes administrations de la ville, notamment comme président de la Commission administrative des bains (1828). En 1835, il fut reçu membre correspondant, étranger, de la Société royale de médecine de Paris, et, le 14 octobre 1852, décoré de l'ordre des Saints-Maurice et Lazare. Il mourut à Aix, le 9 juillet 1854, âgé de soixante-treize ans (1).

VIDAL (François), fils du précédent, né à Aix, en 1819, docteur en médecine de la Faculté de Turin (6 juin 1843), inspecteur des eaux à l'établissement thermal d'Aix (1860, 1er mars 1880), chevalier de la Légion d'honneur, officier de l'ordre de la Vigilance de Saxe-Veimar, commandeur de l'ordre impérial de la Rose du Brésil. Cette dernière distinction fut remise à M. le docteur Vidal, le 9 décembre 1888, en souvenir des soins qu'il avait donné à Sa Majesté l'Empereur du Brésil, pendant son séjour aux eaux d'Aix. Dans la liste des récompenses décernées, en 1864, par le Ministre du commerce, aux médecins attachés aux eaux minérales, pour leurs travaux et leurs services, on voit figurer M. Vidal pour une mé-

(1) Voir le *Bulletin de la Société médicale de Chambéry*. 1859, p. 115. — Id. le *Journal du docteur Caffe*, même année.

daille de bronze. L'année suivante, l'Académie impériale de médecine de Paris, lui décerne une médaille d'argent, avec mention honorable, pour son mémoire particulier sur le meilleur mode d'administration des eaux d'Aix (1).

M. Vidal est membre correspondant de la Société d'hydrologie médicale de Paris, des Sociétés de médecine de Lyon, Marseille, Genève, Chambéry et Aix, de la Société d'émulation de l'Ain, etc.

Il a publié les notices ci-après énoncées :

1° *Essai sur les Eaux minérales d'Aix*. Chambéry, Puthod, 1851, in-8° de 137 pages;

2° *Notice historique sur l'Hospice d'Aix*. Chambéry, Puthod, in-8° de 57 pages;

3° *Emploi des eaux minérales sulfureuses d'Aix*. Chambéry, Puthod, in-8° de 33 pages;

4° *Compte-rendu des Eaux d'Aix en 1859*. Aix, Bachet, 1860, in-8° de 64 pages.

5° *Marlioz*. (Extrait du compte-rendu ci-dessus.) Aix, Bachet, 1860, in-8° de 34 pages.

6° *Suite d'études sur les Eaux d'Aix. Rhumatismes*. Paris, Martinet, 1864, 32 pages in-8°.

7° *Des Eaux d'Aix comme pierre de touche dans les maladies chroniques*. Paris, Martinet, 1865, in-8° de 32 p.

8° *Aix-les-Bains en 1867. Histoire de ses Thermes*. Paris, Martinet, 1867, in-8° de 55 pages. Réimprimé à Chambéry, chez Bonne, Conte-Grand;

9° *Action des Eaux d'Aix sur la caloricité et la circulation*. Rapport au ministre. Bourg, Barbier, 1878, in-8° de 79 pages;

(1) *Revue savoisienne*. 1864, page 88; 1865, page 100.

10° *Du Traitement thermal de l'arthritis à l'hospice d'Aix*. Bourg, Authier, 1880;

11° *Du degré de thermalité des Eaux d'Aix, dans le Traitement de la goutte*. Suite d'études sur l'Arthritis. Chambéry, Châtelain, 1886, in-8° de 48 pages.

VIDAL (Joseph), frère du précédent, notaire à Aix-les-Bains, en 1859 et 1869.

VIGIER, receveur de la poste à Aix, de 1870 à 1881, puis directeur général du Cercle, jusqu'à la fin de 1893. Chevalier de la Légion d'honneur.

VIGNET (Claude-Antoine), fils d'Humbert, d'une famille ancienne et honorable de la bourgeoisie d'Aix, baptisé le 26 décembre 1623, maître chirurgien, inhumé le 27 janvier 1695. Sa femme, Jeanne Domenget, se remarie, le 3 mars 1696, à Jacques Grosjean, dit Lacroix, et fut ensevelie le 28 mai 1725.

VIGNET (Antoine), fils de Georges, notaire et châtelain de la ville d'Aix. Il épousa, le 3 octobre 1723, Françoise Pocquel, et fut inhumé le 18 décembre 1773.

VIGNET (Benoît), chanoine du Chapitre collégial d'Aix, inhumé le 1er octobre 1621.

VIGNET (Claude), médecin à Aix en 1692 et 1695.

VIGNET (Jean-Jacques), notaire et secrétaire de ville, en 1743. Il épouse, le 23 avril 1747, Françoise Perret, et fut inhumé, dans l'église d'Aix, le 28 novembre 1765. Sa femme vécut encore jusqu'en 1789.

VIGNET (Louis), notaire à Aix, en 1783 et 1784.

VIGNET (Jean-Jacques), notaire à Aix, en 1764 et 1791.

VIGNET (Antoine-Thérèse-Constant), notaire, nommé secrétaire de la commune de Grésy-sur-Aix, le 1er décembre 1830, et secrétaire de la ville d'Aix, en 1835. Il occupa ces deux charges jusqu'en 1841, époque où il semble avoir transporté son étude de notaire à Chambéry.

VIGNET (Hyacinthe), frère du précédent, directeur des domaines à Annecy, mort à Aix, l'année 1852, le 20 septembre.

VIGNET (Charles-Victor), baptisé à Aix, le 8 juillet 1803. Il entra dans la Compagnie de Jésus, et était professeur au collège royal de Chambéry, lorsque les Jésuites furent expulsés des États, en 1848. Après une vie toute de dévouement et consacré à l'enseignement, il est décédé à Bordeaux, le 7 janvier 1889, dans la résidence que les révérends pères Jésuites possèdent dans cette ville.

VIGNET (Marie-Thérèse), supérieure générale des sœurs de Charité, à Rome, en 1885. En 1888, étant décédée, elle fut remplacée par la mère Marie-Joseph Bocquin, sa compatriote, dont nous avons esquissé la vie précédemment.

VILLENEUVE (Louis de), docteur-médecin, véritable régénérateur des bains d'Aix, d'après Cabias (1). On ne peut pas supposer que celui-ci ait attribué à

(1) *Les vertus merveilleuses des Bains d'Aix en Savoye*, chap. III.

M. de Villeneuve un si grand mérite à la légère, et pour complaire à un confrère, car d'autres écrivains que lui ont relevé les talents et les qualités de ce célèbre médecin.

Guy-Allard nous apprend que de Villeneuve était fils de Michel, médecin, comme lui, à Grenoble, mais originaire d'Espagne. Son père avait acquis déjà une certaine célébrité, il traduisit en français la géographie de Ptolémée, et exerçait encore la médecine à quatre-vingt-treize ans.

Un autre écrivain, Chorier, dit ceci dans son *Histoire du Dauphiné* :

« *En 1588, le médecin de Villeneuve, très considéré à Grenoble par sa capacité et son expérience, reçut des lettres d'annoblissement au moment où il était en route pour se rendre à Lyon, pour exercer son art auprès de Daléchamp (1). Cet honneur fit plus d'impression sur l'esprit de Villeneuve que toutes les récompenses que ceux de Lyon lui faisaient espérer : Quelques jours après de Villeneuve imita Hippocrate, qui refusa le secours de son art aux Perses, parce qu'ils étaient ennemis de la Grèce, sa patrie. Béranger de Morges, qui commandait dans le fort de Bozancien, étant tombé malade, le désira, mais ne put persuader de Villeneuve : il ne voulut pas que son savoir s'employa contre les siens, en contribuant à la guérison de l'un de leurs plus dangereux ennemis.* »

En annoblissant le docteur de Villeneuve, le roi lui donna pour armoiries : *un écu d'azur au château de trois tours d'or.* Ce médecin possédait des biens à Barraux (Isère), et se trouve cité comme déjà décédé, dans le

(1) Daléchamp Jacques, célèbre médecin et botaniste, né à Caen en 1513, mort à Lyon en 1588.

contrat de mariage de Jean de Mouxy, seigneur de Loche, passé en 1620.

VINCENT (Joseph-Lucien), chanoine du Chapitre d'Aix, nommé desservant de Trévignin, le 25 juin 1712, pour trois ans. Il est procureur du Chapitre en 1716, et mourut le 15 novembre 1730.

VIRIOT (Louis), né à Épinal (Vosges), receveur de l'enregistrement à Aix-les-Bains, dès le 8 janvier 1889.

VIVIAND (Claude), de Tresserve, notaire à Aix. Il épousa, le 2 février 1771, Anne, fille de Gaspard Domenget.

VIVIAND (Gaspard), fils du précédent, né à Aix, le 27 août 1772. Il fut élu lieutenant au 1er bataillon des volontaires du Mont-Blanc, le 5 avril 1793, et devint adjoint à l'état-major de l'armée d'Espagne, le 22 septembre suivant. Le 15 mars 1795, il fut nommé capitaine adjoint auprès de l'adjudant général Stabeurath, puis successivement chef d'escadron d'état-major (1803), et chef d'état-major de diverses divisions actives, notamment en Espagne. En 1810, il fut promu au grade de colonel d'état-major, et, en 1815, nous le retrouvons commandant le département du Puy-de-Dôme. Pendant les Cent-Jours, il prit part à la campagne en qualité de chef d'état-major de la 7e division des gardes-nationales de la Savoie. Il était chevalier de la Légion d'honneur, et de l'ordre de Saint-Louis, lorsqu'il déclara vouloir conserver la nationalité française, le 7 août 1816.

En 1823, après avoir fait toutes les campagnes de la Révolution et de l'Empire, il voulut encore, pour couronner une existence si bien consacrée à sa patrie, faire la campagne d'Espagne avec le prince, qui règna plus tard sous le nom de Charles-Albert. Il mourut dans sa maison de campagne, à Tresserve, en 1838, âgé de soixante-six ans (1).

VULLIAND (Claude), monnayeur, décédé le 1er mai 1676 (2). M. André Perrin, membre effectif de l'Académie de Savoie, dans un ouvrage qu'il a publié, il y a quelques années, sur la fabrication de la monnaie en Savoie, dit que la ville d'Aix possédait autrefois un atelier. Vulliand en fut-il le chef, où seulement l'un des ouvriers qui y travaillaient ? En l'absence de documents, ce fait restera encore dans les ténèbres.

VULLIET (Claude-François de), de la Saunière, chanoine du Chapitre collégial d'Aix, nommé desservant de Trévignin, le 11 juillet 1704, procureur du Chapitre le 25 juin 1708, et chantre en décembre 1711. Sa sépulture se fit dans l'église d'Aix, le 12 février 1717.

WACKEFIELD (William), docteur-médecin à Aix, pendant la saison thermale, dès 1889, environ.

(1) *Mémoires de la Société savoisienne d'histoire et d'archéologie*, tome XVII, p. 299. — A. Folliet : *les Volontaires de la Savoie*, p. 201.

(2) *Mémoires* du châtelain Domenget.

ERRATA

Page 68, ajouter : **DARDEL (Joseph)**, secrétaire de la Mairie d'Aix-les-Bains, depuis le 1er mai 1872. On doit une mention particulière à cet employé modeste, mais intelligent et laborieux, qui, depuis si longtemps, seconde si bien l'autorité municipale.

Page 146, ajouter : **GUIBERT (Paul-Victor-Marie)**, né à Aix, le 4 décembre 1858. Elu conseiller municipal, le 4 mai 1884, il n'a cessé, depuis lors, de se dévouer à l'administration de la ville. Le 17 mai 1896, il a été choisi par ses concitoyens pour seconder Monsieur le Maire, comme deuxième adjoint, et ensuite comme premier adjoint (20 mai 1900).

FINIS

AIX-LES-BAINS

DES PRESSES DE P.-A. GÉRENTE

—

M DCCCC I

OUVRAGES DU MÊME AUTEUR

Histoire de Grésy-sur-Aix. Imprimée à Chambéry, chez Bottero. 1874, in-8o de 281 p. Documents : CLXXVI p. Gravures, carte et plans. Ouvrage couronné par l'Académie de Savoie.

Notice sur la fabrique de faïence de la Forest, à Saint-Ours (Savoie). Brochure in-8o de 51 pages, ornée d'une photographie. Imprimée à Chambéry, chez Châtelain, en 1880 (Extrait du VIIIe volume de la 3e série des *Mémoires de l'Académie de Savoie*).

Compte-rendu de la Ve session du Congrès des Sociétés Savantes Savoisiennes, tenue à Aix-les-Bains les 25 et 26 septembre 1882. Imprimé à Aix-les-Bains, chez Gérente, en 1883. 1 volume in-8o de 320 pages.

Histoire d'Aix-les-Bains. Imprimée à Chambéry, à l'Imprimerie Savoisienne (1898-1900). Deux volumes in-8o, avec gravures, plans et carte (Extrait des *Mémoires de l'Académie de Savoie*, tomes VII et VIII de la 4e série).

www.ingramcontent.com/pod-product-compliance
Ingram Content Group UK Ltd.
Pitfield, Milton Keynes, MK11 3LW, UK
UKHW021052220726
13924UKWH00005B/2081

9 782019 923815